Schon die alten Ägypter, Griechen und Römer verstanden es, ihre Speisen mit erlesenen Gewürzen zu verfeinern. Lorbeer, Kümmel, Kerbel, Safran und natürlich Pfeffer waren Bestandteile ihrer Küchen. Im Mittelalter dann wurden Gewürze zum Statussymbol; Handelshäuser kamen durch sie zu großem Reichtum.

Auf der Suche nach einem direkten Zugang zu den Gewürzländern landete Kolumbus 1492 statt in Indien in Amerika und brachte von dort neue Gewürze mit. 1497 schließlich entdeckte Vasco da Gama den Seeweg ums Kap der Guten Hoffnung nach Indien. Portugiesen, Holländer und Briten fuhren in die Welt und errichteten neue Monopole, die großen Handelskompanien entstanden, Gewürzkriege wurden ausgetragen.

Klaus Trebes stellt im vorliegenden Band die wichtigsten Gewürze und Kräuter vor: ihre Geschichte und die Koch- und Würzgewohnheiten der Menschen von der Antike bis zur Gegenwart. Zu jedem Gewürz gibt es Rezepte von Klaus Trebes, einem der besten Köche Deutschlands.

insel taschenbuch 2705
Klaus Trebes
Wo der Pfeffer wächst

KLAUS TREBES

WO DER PFEFFER WÄCHST

Geschichten und Rezepte

um Gewürze und Kräuter

Insel Verlag

insel taschenbuch 2705
Erste Auflage 2003
Originalausgabe
© Insel Verlag Frankfurt am Main und Leipzig 2003
Alle Rechte vorbehalten, insbesondere
das der Übersetzung, des öffentlichen Vortrags
sowie der Übertragung durch Rundfunk und Fernsehen,
auch einzelner Teile.
Kein Teil des Werkes darf in irgendeiner Form
(durch Fotografie, Mikrofilm oder andere Verfahren)
ohne schriftliche Genehmigung des Verlages
reproduziert oder unter Verwendung elektronischer Systeme
verarbeitet, vervielfältigt oder verbreitet werden.
Vertrieb durch den Suhrkamp Taschenbuch Verlag
Umschlag nach Entwürfen von Willy Fleckhaus
Druck: Memminger MedienCentrum
Printed in Germany
ISBN 3-458-34405-5

1 2 3 4 5 6 – 08 07 06 05 04 03

INHALT

Vorwort: Eine kleine Geschmackserinnerung 9

Wo der Pfeffer wächst 15

Gewürze

Pfeffer 19   Zimt 24   Muskatnuß, Muskatblüte und
Nelke 33   Muskat 34   Nelken 38   Vanille 42   Paprika und
Chili 46   Safran 50   Ingwer und Galgant 54   Kurkuma 57
Kardamom 59   Sternanis 63   Piment 66
Kreuzkümmel, Kümmel und andere 69   Kümmel 72
Ajowan 75   Schwarzkümmel 76   Fenchel 77
Anis 81   Koriander 83   Sumach 86   Senf 88   Lorbeer 92
Wacholder 94

Gewürzmischungen

Curry, eine Gewürzmischung Indiens 99

Five Spices (Fünfgewürzpulver), eine chinesische Gewürzmischung 104

Europäische Gewürzmischungen: Lebkuchengewürz,
Quatre Epices 106

Maghrebinische und nahöstliche Gewürzmischungen 110

Ras el Hanut 110   Harissa 111   Baharat 113   Zahtar 113

Kräuter

Borretsch 121 Dill 122 Zitronenmelisse 126

Estragon 128 Schnittlauch 130

Liebstöckel und Pimpernelle 132 Petersilie 133

Kerbel 135 Kräutermischungen 139

Kräuter des Südens (Herbes de Provence) 141

Bohnenkraut 143 Rosmarin 146 Thymian 148

Salbei 153 Basilikum 156 Oregano 162 Majoran 166

Beifuß 169 Minze 171 Bärlauch 175 Zitronengras 178

Rezeptverzeichnis 185

EINE KLEINE GESCHMACKS-ERINNERUNG

Düfte, Gerüche und Geschmack sind wesentlich als Erinnerungen in unser Gedächtnis eingebrannt. Frisches Heu und der Duft der Holunderblüten erwecken in mir Kindheitserinnerungen an die vom Großvater angesetzte Holunderblüten-Limonade. Zimt und Muskatnuß, Dill und frischer Gurkensalat, Maggikraut und Majoran sind die Schwaden kulinarischen Erinnerns an eine Kindheit in Franken. Keine Bratwurst schmeckt dann ohne Majoran. Sicher mag ich heute auch eine Salsiccia mit wildem Fenchel gewürzt. Basilikum und Oregano, Jasmin und Orangenblüten – schon tauchen Bilder von Reisen nach Sizilien und Griechenland auf. Es ist nicht wirklich erforscht, was Gerüche, Düfte und Geschmack in unserem Gehirn und unserer Seele bewirken.

Was bewegte unsere Vorfahren, ihren faden Brei zu würzen? Was war der Antrieb, Reichtümer auszugeben, um an exotische Gewürze und Düfte zu kommen? Die Geschichte ist nicht mit dem Drang nach Reichtum und Geld, Macht und Einfluß allein zu erklären. Über alte Handelswege wie die Seidenstraße kamen Produkte und vor allem Gewürze zu uns, die vorher unbekannt, vielleicht auch völlig unnötig waren. Trotzdem nahmen die sogenannten Entdecker unglaubliche Anstrengungen und Strapazen auf sich auf der Suche nach Pfeffer, Nelken und Muskat. Wer sein Fleisch einmal gepfeffert hatte, wollte nicht mehr darauf verzichten. Süchtig nach Zimt und Muskat scheinen die Menschen des

Mittelalters gewesen sein. Die Chilischote aus Amerika verbreitete sich in der Alten Welt und vor allem im Fernen Osten innerhalb eines Jahrzehnts. Heute kocht kein Thai mehr ohne diese Pflanze der Azteken.

In der Antike kamen Kräuter und Gewürze bei sakralen Riten zur Anwendung, als Heilmittel und Speisenwürze. Sie waren sogar Teil der Tributleistungen, Zimt verbrannte duftend in Opferfeuern und würzte Speisen. Rosmarin wurde bei Begräbnissen getragen, war Grabbeigabe und garte im Bauch römischer Spanferkel mit. Pfeffer war auch Zahlungsmittel.

Im frühen Mittelalter bewahrten die Klöster und Heilkundigen so manches Wissen um Kräuter und Gewürze. Die Ärzte der Araber und Sarazenen brachten die Schriften der Antike und eigene Erkenntnisse um die Wirkung von Kräutern und Gewürzen von ihren Reisen mit. Die Gewürze, Düfte und Gaumenfreuden, die die Kreuzfahrer im Orient schätzen lernten, eroberten im Hochmittelalter den Westen. Der üppige Gebrauch der Gewürze vom Mittelalter bis zum 18. Jahrhundert war nicht nur Prasserei. Gewürze und Kräuter waren mehr als Speisewürze. Sie waren, wie bereits in der Antike, Teil der medizinischen Vorsorge, des Aberglaubens und des Brauchtums.

In der Küche schlägt das Pendel immer wiederkehrend aus. Auf Zeiten des üppigen Gebrauchs von Gewürzen folgen Reformationen, Purismus. Die »klassische Küche« versteckte die Gewürze in den geheimen Mischungen der großen Chefs, dann feierten die Kolonialwaren fröhliche Urstände. Der Armut der Kriegszeiten mit Ersatzstoffen folgt das Steak Madagaskar und Schnitzel Madras. Dann kamen Nouvelle Cuisine und neue regionale Küche, die nur heimische Produkte pflegt. Der Streit zwischen Cuisine regionale und mondiale hält bis heute an. Doch unverkennbar ist die Lust am Exotischen und am Würzen bei allen großen Köchen wieder zu spüren – und zu schmecken.

»Wer nicht genießen kann, wird ungenießbar«, so zitiert der Ernährungswissenschaftler Dr. Nicolai Worm den Volksmund. Und der Gastrosoph von Rumohr bemerkt: Verständiges Essen setzt mehr Bildung voraus, als man denken möchte. Die ersten Kochbücher sowohl der Antike wie auch Italiens und Deutschlands waren gleichzeitig medizinisch-diätetische Schriften. Die Forderung des griechischen Arztes Galenus: »Ich wil nicht, dass ein *Medicus* der Koch=Kunst (und was derselben anhängig) gantz unerfahren sey: sintemahl die Speisen, welche angenehm von Schmack, viel leichter verdauet werden, als die jenigen, welche zwar eben so gesund, aber nicht so wol zu bereitet sind.« Dieses Motto stellt der Arzt Johann Sigismund Elsholtz seinem »Französischen Koch« in seinem Werk *Diæteticon* 1682 voran. Er war des großen Kurfürsten Hof-Medicus und Botanicus. Auch im ersten gedruckten deutschen Kochbuch, der *Küchenmaistrey* (um 1485), heißt es: »ein ordentlicher koch mit wol bereitter natürlicher speiß ist hie in disser zeit der best artzt«. Ärztliche Kunst und Küchenkunst gehörten bis ins 18. Jahrhundert hinein unmittelbar zusammen. Der Zusammenhang von Ernährung und Gesundheit entsprang dabei der aus der Antike übernommenen herrschenden medizinischen Lehre der Humoralphysiologie, über Hippokrates, Galen, die »Araber« Avicenna und Averroes, von der Scola Salernitana zu Platina. Manfred Lemmer stellt im Nachwort zur Reprint-Ausgabe des *Diæteticon* diese Theorie in ihren Grundzügen dar. »Danach war man überzeugt, daß die Nahrung in einem Stoffwechselprozeß verarbeitet werde, als dessen ›Motor‹ man die dem Herzen angeblich innewohnende Wärme ansah. Diesen Prozeß stellte man sich als eine *Kochung* oder *Ausreifung* vor, in deren Verlauf die vier Kardinalsäfte, feste Bestandteile und Abfallstoffe (die der Körper wieder ausschied) entstanden.

Im menschlichen Körper unterschied man vier Säfte (*humores*), Blut *(sanguis)*, Schleim *(phlegma)*, gelbe Galle *(cholē)* und schwarze Galle *(melancholē)*. Diesen vier Säften waren vier Primärqualitäten zugeordnet (Hitze, Kälte, Trockenheit und Feuchtigkeit), zuweilen auch die empedokleischen Elemente (Erde, Wasser, Feuer und Luft), seit dem 2. Jahrhundert noch der jeweilige Konstitutionstyp des Menschen (Temperament, Komplexion), der nach dem Vorherrschen eines Saftes im Körper bestimmt wurde.

Als für das Wohlbefinden des Menschen entscheidend galt nun, daß sich die Säfte und Primärqualitäten im Gleichgewicht befänden. Dann war der Mensch gesund. Andernfalls, wenn etwa ein Saft oder eine Qualität dominierten, herrschte eine Dyskrasie, der Mensch war krank. [...] Die ärztliche Heilkunst bestand nun weitgehend darin, die verlorengegangene Gesundheit durch Wiederherstellung der humoralen Harmonie zurückzugewinnen. [...] Zu den ›Heilmitteln‹ zählte aber auch die Nahrung, waren die Primärqualitäten doch in allen tierischen und pflanzlichen Produkten enthalten [...] Von daher wird es verständlich, daß Arzt und Koch durch die Jahrhunderte in einem Atemzug genannt, und daß in Küche und Apotheke weitgehend die gleichen Pflanzen oder Früchte verwertet wurden.

Der Arzt und tunlichst auch der Koch mußten also über die Primärqualitäten der Nahrungsmittel Bescheid wissen, um die Therapie danach einzurichten.«

Das geschah nicht nur durch Speiseverbote, sondern man schaffte Gegengewichte zu bestimmten Speisen. Dieses Verfahren nannte man Temperieren. So galt die Mohrrübe insbesondere für Phlegmatiker als ungesund, doch wußte man dies durch Würzkräuter, z. B. Petersilie oder Kerbel, aufzuheben. Wir kochen unbewußt noch heute so. Die chinesische Küche und die traditionelle Medizin verfahren noch heute nach einem ähnlich »ganzheitlichen« Ansatz. Sind Ying und Yang in Disharmonie, kann durch eine bestimmte Nahrung die Balance wiederhergestellt werden. Jedes Lebensmittel wird Ying oder Yang zugeordnet. So fühlte mir in Singapurs »Herbal Restaurant« der chinesische Arzt den Puls, analysierte meinen Gesundheitszustand (übrigens lag er ganz richtig) und verordnete mir eine Suppe aus Ginseng, Ingwer, Schwarzfederhuhn und verschiedenen Gewürzen. Die schmeckte und steigerte mein Wohlbefinden. Die Suppe meines Nachbarn hingegen schmeckte bitter wie Medizin. Andere Gerichte waren der Jahreszeit entsprechend gesundheitsfördernd oder stärkten Abwehrkräfte. Die Chinesen essen vieles mehr im Bewußtsein seiner Heilwirkung und weniger ob des Geschmacks. Nach einiger Zeit schmeckt, was gesund ist. Hoffen wir, daß das, was uns schmeckt, gesund ist.

WO DER PFEFFER WÄCHST

Was ist ein Gewürz? Die Antwort ist gar nicht so einfach. Ist jede das Essen würzende Zutat ein Gewürz? – Dann sind Salz, Essig, Wein, Zucker, ja selbst manche Speise Gewürz. Sind es nur die Aromastoffe? – Dann sind auch die Düfte und Aromen der modernen Chemie Gewürze. Im deutschen Lebensmittelrecht heißt es: »Gewürze sind Teile (Wurzeln, Wurzelstöcke, Zwiebeln, Rinden, Blätter, Früchte, Samen oder Teile davon) einer bestimmten Pflanzenart, nicht mehr als technisch notwendig bearbeitet, die wegen ihres natürlichen Gehaltes an Geschmacks- und Geruchsstoffen als würzende und geschmacksgebende Zutaten zum Verzehr geeignet und bestimmt sind.« Hier wird nicht differenziert zwischen Gewürzen und Kräutern. Wir hingegen unterscheiden grob: zuerst die klassischen Gewürze, dann die wichtigsten Kräuter. Es wird mit Sicherheit Leser geben, die dieses Kraut und jenes Gewürz vermissen, aber alle bekannten Spezies zu behandeln, würde jeden Rahmen sprengen. Auch verzichte ich darauf, auf Würzmittel wie Salze, Essige, Zucker, Weine und Spirituosen einzugehen.

GEWÜRZE

Pfeffer · Zimt · Muskatnuß, Muskatblüte

und Nelke · Vanille · Paprika und Chili · Safran

Ingwer und Galgant · Kurkuma · Kardamom

Sternanis · Piment · Kreuzkümmel, Kümmel und andere

Ajowan · Schwarzkümmel · Fenchel · Anis

Koriander · Sumach · Senf · Lorbeer · Wacholder

PFEFFER

Pfeffer war schon in der Antike ein begehrtes und häufig gebrauchtes Gewürz. Im Mittelalter kam Pfeffer über die Route Alexandria – Venedig und später über Portugal und Holland in beträchtlichen Mengen nach Europa. Pfefferkuchen, Pfefferfleisch, Schweinepfeffer und viele andere alte Gerichte legen Zeugnis ab für die Beliebtheit dieses Gewürzes. Es wurde kräftig gepfeffert bei den Vorfahren. Wenn heute der italienische Gastwirt mit der monströsen Pfeffermühle, elektrisch angetrieben und mit Halogenspot, an jeden Tisch kommt, um »Vitamine« über den Salat zu raspeln, fühlt man sich ins Mittelalter zurückversetzt. Übrigens wird in Italien Pfeffer nur sehr sparsam verwendet und in kleinsten Gläsern verkauft.

Pfeffer der Gattung Piper umfaßt etwa tausend Arten. Verwendung finden schwarzer, weißer, roter, grüner, langer, Aschanti- und Kubebepfeffer. Daneben gibt es japanischen Pfeffer, Thai-Pfefferblätter und den rosa Pfeffer, wobei nicht alle genannten zu den Pfeffergewächsen zählen.

Der echte Pfeffer (Piper nigrum) war ursprünglich an der Pfefferküste in der südindischen Malabarregion zu Hause. Er wächst als Frucht einer immergrünen Kletterpflanze rispenartig heran. Unreif ist der Pfeffer grün. Er wird heute frisch, in Lake oder gefriergetrocknet bei uns angeboten. Grüner Pfeffer schmeckt pikant, ist nicht ganz so scharf und würzt Sahnesaucen auch als ganzes Korn unnachahmlich.

Schwarzer Pfeffer entsteht, wenn man die unreifen Früchte erntet, fermentieren läßt und einige Tage in der Sonne trocknet. Schwarzer Pfeffer ist das gewöhnlichste Gewürz, scharf, kräftig, herzhaft.

Für weißen Pfeffer erntet man die vollreifen roten Früchte, läßt sie gären und löst das Fruchtfleisch ab, unter dem der weiße Kern hervorkommt. Weißer Pfeffer ist vielschichtig und aromatischer als schwarzer Pfeffer. Pfeffer sollte immer frisch gemahlen oder zerstoßen werden.

Rosa Pfeffer gehört zu den Sumachgewächsen. Es ist eher von zweifelhaftem kulinarischen Wert. Er kann zu Schleimhautreizungen und -ablösungen führen.

Langer Pfeffer ist etwas schärfer und entwickelt leichte Minz- und Kampferaromen. Der gestielte schwarze Kubebepfeffer wurde früher vor allem in der Medizin als Mittel gegen Magenreizung eingesetzt und ist heute nicht mehr von Bedeutung.

Guinea- oder Meleguetapfeffer, auch als Paradieskörner bekannt, gehört zur Familie des Ingwers, stammt aus Westafrika und wurde schon von Portugiesen und in der jüngeren Geschichte als Pfefferersatz gebraucht und gehandelt.

Szechuan- oder Anispfeffer und der japanische Bergpfeffer gehören zur Familie der Rautengewächse, wie die Limone.

Kleine Pfeffersteaks vom Seeteufel auf Salaten

1 Seeteufelschwanz, ca. 800 g schwer, gut häuten und parieren, von der Mittelgräte schneiden, in 8 Medaillons schneiden und leicht salzen. Je 1 Eßlöffel schwarze und weiße Pfefferkörner im Mörser zerstoßen. Die Fischstücke im Pfeffer wälzen und diesen andrücken, in Olivenöl rundum anbraten, den Saft einer Zitrone und einer Blutorange angießen und 4-6 min. im heißen Ofen bei 180° fertig garen. Den Seeteufel herausheben. In den Bratfond 1 Schuß Olivenöl, 4 Eßlöffel gehäutete Tomatenwürfel, Salz und 1 Prise Zucker geben. Die Sauce etwas einkochen.

Die Seeteufel-Stücke auf einen Salat aus Frisée, Rucola und Löwenzahn geben und die Sauce als Vinaigrette darüber geben.

Kalbsfilet mit Creme von grünem Pfeffer, dazu Kartoffel–Speck–Terrine und Kenia–Böhnchen

1 ganzes Kalbsfilet parieren, die Filetspitze einschlagen und festbinden. Das Fleisch salzen und mit 1 Eßlöffel grünem Pfeffer-Senf einstreichen (dieser Senf ist in Delikatessenläden erhältlich, z.B. von Corcellet), in einer Öl-Butter-Mischung in der Pfanne kräftig von allen Seiten anbraten und noch 15 min. im Ofen bei 150° nachziehen lassen. Das Fleisch warm stellen. Den Bratfond mit 1/4 l Kalbsfond loskochen. 1/4 l Crème fraîche und 2 Rispen frischen grünen Pfeffer, die Beeren abgestreift, zugeben. Ersatzweise kann man auch 1 kleines Glas eingelegten grünen Pfeffer, ohne die Lake und gut abgespült, oder 1 Eßlöffel gefriergetrockneten grünen Pfeffer nehmen. Die Sauce einkochen und zum Schluß mit 1/2 Eßlöffel Pfeffersenf und 2 Eßlöffeln gehackte Petersilie abschmecken und mit dem Mixstab aufschlagen. Das Kalbsfilet aufschneiden und mit der Sauce nappieren.

Dazu passen Nudeln oder Spätzle. Ich serviere dazu eine *Kartoffel-Speck-Terrine* und *Kenia-Böhnchen*: Eine Auflaufform mit angebratenen Scheiben Frühstücksspeck so auslegen, daß der Speck an beiden Seiten überhängt. Kartoffeln in dünne Scheiben hobeln, im Küchentuch trocken drücken und mit Pfeffer, Salz und Muskat gewürzt in die Form schichten. 1 Ei mit 3-4 Eßlöffeln Sahne verquirlen und über die Kartoffeln gießen. Mit dem Speck bedecken und 25 min. bei 180° in den Ofen geben. Vorsichtig stürzen und in Scheiben schneiden.

Kenia-Böhnchen in gut gesalzenem Wasser weich kochen und in Eiswasser abschrecken. In 1 Eßlöffel Butter mit gehacktem Bohnenkraut, Petersilie und etwas zerquetschtem Knoblauch heiß schwenken.

Erdbeeren mit Pfeffer und Balsamico

Wenn Sie den ersten Erdbeeren aus Marokko oder Spanien sowieso nicht widerstehen können, servieren Sie einmal dieses Dessert.

800 g Erdbeeren waschen und putzen. 150 g der Früchte mit 3 Eßlöffeln Zucker und 1 Eßlöffel Balsamessig pürieren. Die anderen Früchte vierteln und mit dem Püree vermischen. In Schalen füllen und vor dem Servieren mit grob gemahlenem schwarzen Pfeffer bestreuen.

Carpaccio von der Jakobsmuschel mit Szechuanpfeffer-Limetten-Vinaigrette

8 frische Jakobsmuscheln in der Schale waschen, mit einem scharfen Messer an der flachen Schale entlang den Muskelkern abtrennen. Mantel und das rot-orange Corail ablösen. Corail reservieren. Den weißen Kern an der anderen Schale vorsichtig ablösen. Darm und den silbrig festen Muskel entfernen, ohne den Kern zu beschädigen. Die Kerne in Folie wickeln und 1/2 Std. in den Froster legen. Quer zur Faser in hauchdünne Scheiben schneiden und auf mit Olivenöl bestrichenen Tellern auslegen. Mit feinem Meersalz (Fleur du sel) bestreuen. 1 Teelöffel Szechuanpfeffer in einem Mörser zerstoßen. Den Saft von 2 Limetten, etwas abgeriebene Schale, den Szechuanpfeffer, 1 Prise Zucker und 1 dl feinstes Olivenöl vermischen und sparsam über das Muschelfleisch träufeln.

2 reife Avocados schälen und würfeln, ebenso 2 Fleischtomaten. Beides vermischen, mit der Vinaigrette begießen. Diesen Salat um das Carpaccio herum anrichten. Den Salat mit frischen Korianderblättchen und dem gekochten und gewürfelten Corail garnieren.

Gewürzter Tuna »Gargantua«

Aus 1 Thunfisch-Mittelstück von ca. 25 cm Länge 5 Filets mit einer Kantenlänge von 5-6 cm schneiden. Dabei längs, nicht quer zur Faser schneiden. Die Filets haben dann die Form dicker Würste. Leicht salzen und mit frischem Ingwersaft einreiben. In einem Mörser je 1 Eßlöffel weißen, schwarzen Pfeffer, Kubebenpfeffer, japanischen Bergpfeffer, getrocknete Chili, Korianderkörner, Kreuzkümmel zerstoßen. In ein Glas mit Deckel geben. Je 1 Teelöffel feinzerstoßenen Ingwer und Knoblauch dazugeben und gut schütteln. Diese Gewürzmischung auf ein Blech geben, die Filets rundum darin wälzen und die Gewürze andrücken. Die Stücke einzeln in einer Eisenpfanne in zum Rauchpunkt erhitztem Öl nur 1 Sekunde lang auf jeder Seite braten. Am besten einfach durch das heiße Öl rollen. Etwas abkühlen lassen. (Die Gewürze geben in dem heißen Öl starke Aromen ab. Bei offenem Fenster braten. Atemreizung!) Die Filets in 2 cm dicke Scheiben schneiden. Diese sind außen knusprig und innen roh. Auf die Mitte jeder Scheibe 1 Messerspitze Wasabi (scharfer japanischer Meerrettich) setzen. Auf jeden Teller geriebenen frischen Rettich in die Mitte geben. 5-6 Scheiben Tuna darum verteilen und dazwischen eingelegten japanischen Ingwer setzen.

Salsa Peverda

Diese Sauce wird in Italien zum Bollito Misto serviert. Das ist ein Gericht aus gekochtem Rind- und Kalbfleisch, Zunge, Huhn, Cotechino, Zampone und Kalbskopf. Serviert wird das Fleisch mit Salsa verde (siehe Seite 119), Gemüse, Senffrüchten, Essigzwiebeln und der Pfeffersauce.

Für die schon seit dem Mittelalter bekannte Pfeffersauce 2 dl Brühe mit 1 dl Weißweinessig aufkochen und 6 Eßlöffel Semmelmehl und 2 Eßlöffel grob gemahlenen schwarzen Pfeffer einrühren.

ZIMT

Zimt ist eines der ältesten bekannten Gewürze. Den Ägyptern war er heilig und wurde bei Balsamierungen und Opferfeuern verwandt. Im Hohenlied der Bibel ist er erwähnt. Die alten Griechen parfümierten sich mit Zimt und würzten ihre Speisen damit. Nach seiner jahrhundertelangen Verwendung in der Antike war Zimt in den Apotheken der Klöster, weniger in der Küche, ein seltenes Gut. Mit den Kreuzrittern kehrte der Zimt aus dem Orient in unsere Töpfe zurück. Denn trotz aller Kriege blieb der Handelsweg nach Alexandria, dem Zentrum des Gewürzhandels, immer offen. Zimt muß ein dominanter Geschmack des Mittelalters gewesen sind – ob in den Gewürz- und Lebkuchen, in der berühmten Sauce Cameline oder im Hypocras, dem allseits beliebten Gewürzwein. Glühwein, heißer Apfelwein und manche Aperitifs in Italien und Frankreich sind noch heute mit Zimt und Nelken gewürzt.

Zimt gehört zur Familie der Lorbeergewächse. Beim Zimt

unterscheiden wir zwei Arten: den Kassiazimt (Cinnamomum cassia), auch Chinazimt genannt, und den Ceylonzimt (Cinnamomum zeylanicum), auch Ceylonkaneel genannt. Ceylonzimt ist der feinere von beiden. Zimt wird durch Abschälen der Rinde des Zimtbaums bzw. der Zimtsträucher (in Ceylon) gewonnen. Um 1440 gab ein venezianischer Kaufmann erste Beschreibungen des ceylonesischen Zimtbaums. Ob in der Antike der chinesische Zimt oder bereits Ceylonzimt gehandelt wurde, ist bisher nicht untersucht. Kassiazimt wurde schon 2700 v. Chr. in einem chinesischen Kräuterbuch beschrieben. Kassia ist weniger süß und fein und wird heute in Amerika dem Ceylonzimt vorgezogen. Bei uns sind die feineren Rollen des Ceylonzimts begehrter. Neben der Rinde werden in kleinen Mengen auch Zimtblüten gehandelt und in manchen Küchen verwendet. Die kleinen Knospen haben einen intensiven Duft und zarten Zimtgeschmack. Ich verwende sie manchmal in Desserts oder in neuen, eigenen Gewürzmischungen für Geflügel und Bastillas.

Im Mittelalter war Venedig das Zentrum des Zimthandels. Von dort brachten die Augsburger und Nürnberger Händler den begehrten Zimt nach Deutschland. Mit den Raubfahrten der Portugiesen und Holländer verlagerte sich auch der Zimthandel nach Amsterdam.

Gewürzwein »Hypocras«

Vorab gebe ich zu bedenken, daß wir nicht wissen, wie die Grundweine damals schmeckten. Ich gehe davon aus, daß es Rotwein oder Roséweinen ähnliche und recht saure Weine waren.

Auf 1 l Wein wurden 60 g Zimt, 34 g Ingwer, 4 g Nelken, je 2 g Muskatblüte, Muskat und 50 g Zucker fein zerstoßen. Wein mit Zucker und Gewürzen auf kleiner Flamme erhitzen und so oft durch ein Seihtuch geben, bis er wieder klar wird. Zucker und Zimt sollen im Geschmack vorherrschen. Durch das Erhitzen wurde der Wein auch ungewollt pasteurisiert, also haltbar gemacht, und im Alkohol reduziert.

Sauce Cameline

In der französischen Küche des 14. und 15. Jahrhunderts war die Sauce Cameline große Mode. Dazu wurde ursprünglich Brot in Essig und Verjus (Saft unreifer Trauben) eingeweicht und mit Ingwer und großen Mengen Zimt und Pfeffer zerstoßen und passiert. Später weichte man geröstetes Weißbrot in Essig und gutem Rotwein ein, gab Zimt, Ingwer, Guineapfeffer, Nelke, langen Pfeffer, Muskatblüte und Muskatnuß dazu, schmeckte mit Zucker und Salz ab und passierte alles. Das war eine leichte, aber saure und scharfe Sauce zu gebratenem Fleisch.

Heute finden wir Zimt bei uns in Süßspeisen. Die vom Mittelalter überlieferten Honig- und Lebkuchen, Zimtsterne und anderes Gebäck duften nach der aromatischen Rinde. Auch Apfelkuchen und Pflaumenkompott vertragen reichlich Zimt. In meiner Küche habe ich ein Perlhuhn mit Zimt gebraten:

Perlhuhn mit Zimt, Armagnac-Pflaumen und Maronen

1 Perlhuhn außen und innen salzen und pfeffern. 1 Zimtstange zerkleinern und in einer Kaffeemühle fein mahlen,
das Huhn innen und außen damit einreiben. 1 Zimtstange
und 4 Knoblauchzehen in den Bauch schieben, mit zerlasse-
ner Butter begießen und in den 180° heißen Ofen schieben.
Pro Person 6-8 gekochte und geschälte Maronen und 8 ent-
steinte Trockenpflaumen (über Nacht in Armagnac eingelegt) nach 1/2 Std. dazugeben. Das Perlhuhn mit 1/2 l Geflügelfond und 1 Schuß Portwein begießen. Nach 50 min. sollte
das Fleisch gar und noch saftig sein. Den Bratfond mit dem
Einweich-Armagnac ablöschen und aufkochen. Das Huhn
zerteilen und mit Pflaumen, Maronen und Sauce servieren.

In der marokkanischen und arabischen Küche werden noch
heute viele Vorspeisen und Fleischgerichte mit Zimt gewürzt. Zimt ist auch der Hauptbestandteil der Gewürzmischung *Ras el Hanut,* die in keiner Brühe für den Couscous
fehlen darf (Rezept siehe Seite 112).

ORIENTALISCHES MENÜ MIT ZIMT

Salat von Datteln, Karotten und Orangen mit Zimt

4 Möhren schälen und grob reiben, mit 1 Prise Salz und
Zucker bestreuen und den Saft einer Orange darübergießen,
mit 1 Teelöffel Zimt bestreuen. Eine Platte mit den Herzblät-
tern von Romana-Salat auslegen. 2 Orangen schälen, quer in
Scheiben schneiden und auf die Salatblätter legen. Etwas
Olivenöl angießen. 10 entkernte und geviertelte Datteln darüberstreuen und die geriebenen Möhren darauf geben. Zi-

tronensaft darüberträufeln, mit Minze garnieren und fein
mit Zimt bestäuben.

Lamm Bastilla

Für die Füllung 2 feingeschnittene Zwiebeln und 3 Knoblauchzehen zusammen mit 800 g Lammhack in etwas Olivenöl anbraten. 1 Aubergine und 1 Zucchini feingewürfelt
mitbraten. Mit Salz, 1 Eßlöffel Ras el Hanut und 1 Teelöffel
Zimt würzen. 10 getrocknete Aprikosen hacken und mit
3 Eßlöffeln Pinienkernen unter die Füllung heben. 4 Eßlöffel Tomatenwürfel und je 1 Eßlöffel getrocknete Tomaten in
Stücken, glatte Petersilie und Koriandergrün untermischen.
Die Füllung abkühlen lassen.
Diese Füllung reicht für etwa 10 Portions-Bastillas oder
3 größere, die am besten in einer runden Backform zubereitet werden.
Die Form ausbuttern. 2 Lagen aufgetauten Philoteig mit zer-
lassener Butter bestrichen einlegen. Ein paar Mandelblätter,
1 Teelöffel Puderzucker, mit 1 Teelöffel Zimt vermischt, darüberstreuen und 1/6 der Füllmasse aufstreichen. Wieder 2
gebutterte Teigblätter, Mandel-Zimt-Mischung, darübergeben, darauf ein Teigblatt legen und 1/6 der Füllung aufstreichen. In der Mitte eine kleine Kuhle drücken und vorsichtig
3 Eigelb hineinsetzen. Den überstehenden Teig nach innen
schlagen und zum Abschluß 2 Teigblätter, erneut mit Butter,
Mandeln und Zimt bestreut, aufsetzen und mit 2 weiteren
Teigblättern abschließen. Jetzt den überlappenden Teig wie
ein Bettuch unter die Pastete schieben. Mit Butter gut einpinseln und bei 220° 15-20 min. im Ofen backen.
Vor dem Servieren die Bastilla mit Puderzucker bestäuben
und mit gemahlenem Zimt ein schönes Muster darauf zeich-
nen.

Zimt-Eis

Zimt schmeckt am besten frisch gemahlen. Die Stangen bewahren das Aroma länger. Gemahlener Zimt dagegen verliert sein Aroma recht schnell.

Für 1 l Eis 600 ml Milch mit 250 g Zucker, dem Mark einer Vanilleschote und 25 cm Zimtstange (in Stücke gebrochen) erhitzen, bis sich der Zucker aufgelöst hat. 6 Eigelb mit 1 Schöpfkelle der warmen Milch verrühren, Eimasse zur Zimtmilch geben, dann die Masse zur Rose abziehen, das heißt unter Rühren auf 90° erhitzen, bis die Masse anzieht, und dann vom Feuer ziehen. Abkühlen lassen und über Nacht in den Kühlschrank stellen, damit sich das Zimtaroma voll entwickeln kann. Dann die Masse durch ein Sieb gießen und in der Eismaschine fest werden lassen. Oder die Masse in die Tiefkühltruhe geben und zwischendurch gut umrühren. Wer mag, rührt vor dem Servieren noch frisch gemahlenen Zimt unter die fertige Eismasse.

Dieses Eis schmeckt solo, paßt aber auch gut zu Birnen, in Rotwein und Zimt gekocht.

Zimt-Birnen

6 reife Birnen, geschält und halbiert. 4 dl Rotwein (Burgunder) mit 100 g Zucker, 15 cm Zimtstangen, 6 Zimtblüten, 2 Nelken und 2 Scheiben frischer Ingwerwurzel aufkochen. Die Birnen zugeben und bei kleiner Hitze köcheln, bis sie weich sind, dann in ein Gefäß geben und mit dem Gewürzwein begießen. Die Birnenhälften müssen ganz von der Flüssigkeit bedeckt sein. 1-3 Tage im Kühlschrank durchziehen lassen, dann den Wein in eine Kasserolle geben und einkochen, so daß ein Sirup entsteht. Den Sirup durch ein Sieb geben, um die Gewürze zu entfernen. Den abgekühlten Sirup über die aufgeschnittenen Birnenhälften gießen.

Dieses Rezept kommt in ähnlicher Form bereits in einer englischen Handschrift von Rezepten aus dem 15. Jahrhundert vor.

Viele Frucht-Kompotts, ob Zwetschgen-, Pflaumen-, Kirschen-, Feigen- oder Holunder-, sind ohne Zimtstange nur halb so gut. 1-2 Nelken und 1 Stück Vanille zum Zimt ergibt perfekte Harmonie.
Zimt ist bei uns auch in vielen Kuchen und Gebäck: z. B. in Printen, Lebkuchen. Einige Rezepte:

Zimt-Kipferl

500 g Zucker mit der abgeriebenen Schale und dem Saft einer Zitrone sowie dem steifen Schnee von 6 Eiweiß verrühren. Mit 500 g gemahlenen Mandeln und 2 Eßlöffeln frisch pulverisiertem Zimt vermischen. Masse ausrollen, in Streifen schneiden und kleinfingerstarke Nudeln auf einer bemehlten Fläche ausrollen. Zu Halbmonden formen, auf ein gebuttertes Blech setzen und bei 180° backen, bis sie schön gelb sind. Mit etwas Wasser bestreichen und aus dem Ofen nehmen. Puderzucker mit Zimt mischen und über die Kipferl stäuben.

Zimt-Sterne

Den festgeschlagenen Schnee von 8 Eiweiß mit 600 g Puderzucker und dem Saft einer Zitrone dick rühren. 6 Eßlöffel von der Masse reservieren. In die andere Masse 20 g gemahlenen Zimt, abgeriebene Zitronenschale und 500 g gemahlene Mandeln mischen. Knapp 1 cm stark ausrollen und Sterne ausstechen. Mit der reservierten Masse glasieren und bei 170° ausbacken.

Zimt-Kardamom-Kulfi mit Mangosauce

Kulfi ist die traditionelle indische Eiscreme. Sie hat einen kräftigen Milchgeschmack, da die Milch langsam durch Kochen eingedickt wird. Das kann bis zu 4 Std. dauern. Wir behelfen uns mit Kondensmilch und Sahne. Anstelle der konischen Kulfi-Formen lassen wir die Masse in leeren Joghurtbechern frieren.

2 Zimtstangen und 8 aufgebrochene Kardamomkapseln in einer Eisenpfanne kurz anrösten und im Mörser zerstoßen. Mit 250 ml Milch und 235 g Zucker aufkochen, bis der Zucker sich aufgelöst hat, dann durch ein Sieb gießen. 1 Eßlöffel feingemahlenen Zimt und die pulverisierten Samen von 4 Kardamomkapseln dazugeben, abkühlen lassen und 1 Eßlöffel Rosenblütenwasser (aus der Apotheke), 250 ml ungesüßte Kondensmilch und 250 ml süße Sahne einrühren und das Ganze in die Formen füllen. Mindestens 6 Std. in den Froster geben. 10 min. vor dem Servieren kurz in heißes Wasser tauchen, aus der Form stürzen und im Kühlschrank kaltstellen. Dazu eine Mangosauce:

100 g Zucker mit 50 ml Wasser und dem Saft von 3 Limonen aufkochen. 2 Sternanis, 1 Vanilleschote, 1 Zimtstange mitkochen und den Sirup mit den Gewürzen abkühlen lassen, durchseihen und mit dem pürierten Fruchtfleisch von 3 reifen Mangos vermischen.

Will man die Sauce aufbewahren, kurz aufkochen und wieder abkühlen.

Blutorangen-Zimt-Sorbet mit Kumquats, wilden Feigen und Datteln im Gewürzsud

200 ml frischgepreßten Blutorangensaft mit 150 g Zucker, dem Saft einer Zitrone, fein abgeschälter unbehandelter Orangenschale und 2-3 Zimtstangen aufkochen, bis sich der Zucker aufgelöst hat. Abkühlen lassen und 4 Std. den Zimt darin ziehen lassen. Zimt und Orangenschale herausnehmen. Weitere 600 ml frischen Blutorangensaft zugeben (durch das Kochen verliert sonst der Saft viel von seiner kräftigen Farbe). 1 Eßlöffel Orangenblütenwasser dazugeben und in der Sorbetière oder im Kühlfach gefrieren.

Für den Gewürzsud 100 ml Wasser mit 100 g Zucker aufkochen, 2 Zimtstangen, 3 Sternanis, 3 Nelken (alles unzerkleinert) und 1 daumengroßes Stück Ingwer in Scheiben dazugeben und 5 min. kochen lassen. 500 g Kumquats mit kochendem Wasser übergießen und abtrocknen. 2 dl gelben Orangensaft in den Sirup gießen und wieder aufkochen. Die Kumquats darin kochen, bis sie weich werden (ca. 7 min.), dann 200 g wilde Feigen 2-3 min. mitkochen lassen. Zum Schluß 12 geviertelte Datteln dazugeben, noch einmal aufkochen und die Früchte im Sud abkühlen lassen. Zum Sorbet servieren.

MUSKATNUSS, MUSKATBLÜTE UND NELKE

Muskat, Muskatblüte, auch Macis genannt, und Nelke waren die Gewürze, für die das längste Handelsmonopol bestand. Über Venedig und Genua kamen diese Gewürze von den Arabern im frühen Mittelalter zu uns. Als die Portugiesen das arabische Monopol unterliefen, waren es holländische Kaufleute, die die Gewürze von Lissabon in den Norden lieferten. Wenig später entbrannten heftige Kämpfe auf den fernen Meeren um die Gewürze für Europa. Die Holländer sicherten sich Ambon, und die Molukken hielten bis ins späte 18. Jahrhundert das Monopol für Muskatnuß und Nelken. Erst einem Franzosen mit dem bezeichnenden Namen Poivre gelang es, das Monopol zu brechen und aus den von den Molukken geschmuggelten Pflanzen in den Kolonien Frankreichs Muskat und Nelke zu kultivieren.

Magister Elsholtz beschreibt diese Gewürze in seinem 1682 erschienenen *Diæteticon*. Er ist der Meinung, in der Antike seien Muskat und Nelke unbekannt gewesen. Beide waren den griechischen Medicis nicht bekannt, wohl aber den arabischen. Was die Nelke betrifft, nenne Plinius zwar Garyophyllon, aber die Beschreibung sei sehr dunkel und kurz. Muskat helfe, die Verdauung zu fördern, auch Erbrechen zu vermeiden. Auch der Nelke wird digestive Wirkung zugesprochen. Heute wird Nelkenöl u. a. in der Zahnmedizin angewendet. Muskat wird euphorisierende und aphrodisierende Wirkung zugeschrieben.

Oft gar nicht mehr bemerkt, begegnen uns diese Gewürze in Würsten und Pasteten. Noch lange nach dem Ende der »Überwürzung« in der Küche des Mittelalters und der Re-

naissance waren Nelke und Muskat in der Küche allgegenwärtig. Auch heute ist eine Béchamel- oder Käsesauce ohne
eine Prise frisch geriebener Muskatnuß fast undenkbar. Und
als die exotische Kartoffelknolle heimisch wurde, war Muskat vom anderen Ende der Welt wie geschaffen, den Geschmack der Kartoffel zu ergänzen. Für ein gutes Kartoffel-
püree braucht es außer Milch reichlich Butter, 1 Prise Salz
und frisch geriebene Muskatnuß.

MUSKAT

Muskat und Muskatblüte, auch ein paar Nelken, gehören in
jedes Ras el Hanut, das in orientalischen Basaren für Tagines
und Fastensuppen gemischt wird. Auch indische Masalas
und malayische Currypasten enthalten reichlich davon.
Zwiebeln, mit Nelken gespickt, gehören in jede gute Fleischbrühe. Ein paar Nelken und Muskatblüte würzen oft Fonds.
Und was wäre eine Grießklößchensuppe ohne den Duft von
Muskat! Gemahlene Muskatnuß verliert bei längerer Lage-
rung das Aroma und gehört in den Abfall.

Muskatnuß und Muskatblüte stammen von der Frucht des
Muskatbaums (Myristica fragans), dessen Heimat die Mo-
lukken- und Banda-Inseln waren. Die bis zu 15 m hohen
zweihäusigen, immergrünen Bäume tragen bis zu 2000 apri-
kosenfarbige und ähnlich große Früchte. Unter dem Fruchtfleisch liegt der braune Samen. Dieser ist von einem leuch-
tendroten Samenmantel (Arillus) umgeben. Dieser Mantel
kommt getrocknet als Muskatblüte in den Handel. Die
harte Samenschale wird geknackt. Sie enthält die 3 cm star-

ken Kerne. Früher kalkte man diese Kerne gegen Mikroben-
befall und um eine Samenkeimung zu verhindern (denn
man wollte ja das Monopol auf dieses Gewürz behalten).

Kalbseinmachsuppe mit Bröselknödeln

1 kg Kalbsknochen und 500 g Kalbfleisch mit 1 Zwiebel,
2 Karotten, 1 Stück Sellerie, 1 Petersilienwurzel und Lauchstange mit Pfefferkörnern, 1 Stück Muskatblüte, 1 mit ein
paar Nelken gespickten Zwiebel, 3 Lorbeerblättern, Petersilie, 1/2 Zitrone und Salz in 2 1/2 l Wasser aufsetzen. Kochen
und dabei öfter abschäumen, bis das Fleisch weich ist. Das
Fleisch herausheben, die Brühe passieren und entfetten. Aus
2 Eßlöffeln Mehl und 3 Eßlöffeln Butter eine weiße Ein-
brenne rühren und mit der Suppe aufgießen, aufkochen und
10 min. köcheln lassen. Das kleingeschnittene Kalbfleisch als
Einlage dazugeben, mit Salz, Pfeffer, reichlich Muskatnuß
und Zitrone abschmecken und mit Schnittlauch bestreut
servieren. Wer mag, kann diese Suppe auch mit 2 Eigelb und
Sauerrahm abbinden.
Zu dieser Suppe passen Bröselknödel als Einlage.
Dafür 125 g Butter mit 3 Eigelb und 1 Ei schaumig rühren,
Salz, 1 Teelöffel geriebene Muskatnuß und 1 Prise Muskatblüte zugeben und 200 g Semmelmehl unterkneten. Klöß-
chen formen und in leicht siedendem Salzwasser garen.

Grießklößchensuppe

Die Kalbsbrühe vom vorigen Rezept gibt auch eine gute Ba-
sis für eine Grießklößchensuppe. Vielleicht kochen Sie dann
noch 1 Beinscheibe vom Rind mit.
Für die Grießklößchen 125 g Butter mit 3 Eigelb und 1 Ei
schaumig rühren, etwas Salz und frisch geriebene Muskat-

nuß dazugeben. 125 g Grieß einrühren und 20 min. ausquellen lassen. Mit Teelöffeln abstechen und in etwas leicht kochender Brühe garen.

Übrigens: In vielen Suppeneinlagen ist Muskat unabding-
bar. Butter-, Leber-, Markklößchen, Hirn-, Milz- oder Bries-
schöberln – alle duften sie nach Muskat.

Schwarzwurzelsuppe

Mit einem Rest Schwarzwurzeln im Pochierfond ist schnell
eine Schwarzwurzelsuppe gezaubert:

1 Eßlöffel Butter schmelzen, 1 Eßlöffel Mehl anschwitzen
und mit 1/2 l Pochierfond und 1/4 l Sahne aufgießen. Die
Schwarzwurzeln – bis auf ein paar Stücke – dazugeben und
mit dem Mixstab durchschlagen, 20 min. köcheln lassen,
mit Salz, Pfeffer und Muskatblüte würzen. Mit ein paar kalten Butterstücken vor dem Servieren nochmals aufmixen.
Mit den reservierten und in Butter angerösteten Schwarz-
wurzelstücken anrichten.

Gefüllte Kalbsbrust

Dafür wird 1 Milchkalbsbrust (ca. 3 kg) von den Knochen
befreit und untergriffen, das heißt, es wird eine Tasche für
die Füllung aufgezogen. Das Fleisch innen und außen salzen
und pfeffern. Für die Füllung 2 Eßlöffel gehackte Petersilie
und 1 feingeschnittene Zwiebel in 2 Eßlöffeln Butter anschwitzen. 4-5 altbackene Semmeln in Würfel schneiden.
3 Eier mit 3 dl Milch, Salz, Pfeffer und Muskat versprudeln
und darin die Semmelwürfel einweichen. Petersilie, Zwiebeln und Butter untermischen. Die Fülle 20 min. stehen lassen. Diese Masse in die Tasche der Kalbsbrust einfüllen und
mit Küchengarn zunähen. Die ausgelösten Knochen und die

Kalbsbrust kurz in Butter anbraten und mit Wasser oder Kalbsbrühe untergießen. 2 Zwiebeln mit Schale, halbiert und in die Schnittfläche 1 Nelke gesteckt, 1 Karotte, 2 Knoblauchzehen und 1 Majoranzweig mit Lorbeerblatt und Petersilie zum Bouquet gebunden dazugeben. Bei 200° im Ofen anbraten lassen und nach 1/2 Std. die Hitze auf 170° reduzieren und langsam, ca. 2 Std., fertig braten. Zwischendurch öfter begießen. Die Kalbsbrust in dicke Scheiben aufschneiden und den Bratensaft mit ein paar Butterflocken vollenden. Mit einem gemischten Salat servieren.

Kalbsragout

1 gutes kg Kalbfleisch aus der Schulter in 3 cm starke Würfel schneiden. Mit Salz, weißem Pfeffer, je 1 Teelöffel Muskat und Muskatblüte würzen und leicht mit Mehl bestäuben. In einem Bräter in Öl mit 2 Eßlöffeln Butter anbraten. Fleisch ausheben und beiseite stellen. 1 Karotte, 1 Zwiebel und 1 Stück Kopfsellerie ebenfalls anschwitzen. 1 Eßlöffel Mehl überstäuben, 1 Thymianzweig, 1 Lorbeerblatt und 1 Stück Zitronenschale zusammengebunden einlegen und mit 2 dl Weißwein ablöschen. Fleisch und Saft wieder dazugeben und mit 2 dl Sahne aufgießen. Zugedeckt etwa 50 min. köcheln lassen, bis das Fleisch weich ist. 2 Eigelb mit 2 Eßlöffeln Sauerrahm verrühren und das Ragout abbinden. Nicht mehr kochen. Mit Salz, Pfeffer, Muskat und abgeriebener Zitronenschale abschmecken. Mit gehackter Petersilie bestreut servieren.

Erbsen und Kochsalat mit Muskatblüte

150 g Zuckerschoten und 150 g frische gepulte Erbsen in Salzwasser 2 min. sprudelnd kochen und in Eiswasser abschrecken. 2 feingehackte Schalotten in Butter andünsten, 1 in Streifen geschnittenen Kochsalat (ersatzweise ungedüngter Kopfsalat) zugeben und weich dünsten. Die Erbsen salzen und pfeffern, 2 Eßlöffel Sahne zugeben und mit 1/2 Teelöffel gemahlener Muskatblüte und etwas Muskat würzen.

Alexander

Einem Cocktail, der fast schon ein Dessert ist, gibt frischgeriebene Muskatnuß den letzten Pfiff.
2 cl Gin, 2 cl Crème de Cacao braun, 2 cl Sahne mit 5 Eiswürfeln kurz im Shaker schütteln und durchs Barsieb in das gekühlte Cocktailglas gießen. Etwas frische Muskatnuß darüberreiben.

NELKEN

Die Nelke (Syzygium aromaticum) gehört zu den Myrtengewächsen. Nelken stammen von den Molukken. Es sind die getrockneten Blütenknospen eines 20 m hohen Baumes. Werden die Knospen nicht geerntet, entwickeln sich rote Beeren, die als Mutternelken gehandelt werden. Aus Nelken wird das Nelkenöl (Eugenol) gewonnen. Es dient medizinischen und kosmetischen Zwecken. In Indonesien werden Nelken in den Kretek-Zigaretten verwendet. Ein Großteil der Nelkenernte verschwindet in diesen stinkenden Stengeln.
Nelken würzen viele Gerichte, aber immer in feinen Spuren. Das Aroma ist stark, und etwas zuviel läßt das Gericht

schnell »medizinisch« schmecken. Eine Nelke gehört ins Sauerkraut, in Marinaden, würzt Apfelkompott, Gewürzweine und den Plumpudding.

Nelken sind in vielen indischen Pickles und Gewürzmischungen enthalten. In den Gerichten der malayischen und indonesischen Küche fehlt selten ein kräftiger Akzent durch Nelke.

Ein nicht so exotisches Gericht mit einem guten »Schuß« Nelke:

Salat von Rotkohl, geräucherter Gänsebrust und Gansleber

1 halben kleinen Rotkohl vierteln, Strunk entfernen und den Kohl in feine Streifen schneiden. In kochendem Salzwasser kurz blanchieren, in Eiswasser abschrecken und gut abtropfen. 1 dl Rotwein, 1 dl Rotweinessig mit 1 Eßlöffel Honig vermischen, 1 Zimtstange, 4 Nelken, einige Pfefferkörner, Piment und Muskatblüte (unzerkleinert in einem Leinensäckchen) dazugeben und 5 min. einkochen. Über den Rotkohl gießen und einige Stunden darin marinieren. Rotkohlsalat auf Teller anrichten, mit Nußöl beträufeln, Preiselbeeren darauf verteilen, salzen, pfeffern und mit etwas Marinade begießen. Geräucherte Gänsebrust in feine Scheiben schneiden und den Fettrand entfernen. Gansleber zerteilen und entnerven. Den Fettrand in einer Pfanne auslassen, 1 Stück Butter dazugeben und die Leber rundum anbraten. Mit etwas Balsamessig und Marinade begießen und 3 min. rosa garen. Aufschneiden und mit dem Bratensatz begossen auf den Salaten verteilen. Die Gänsebrustscheiben darauf legen und mit frischen Walnüssen und Scheiben von eingelegten schwarzen Nüssen garnieren.

Spanferkelschinken in Apfelwein

Lassen Sie sich von Ihrem Metzger einen Spanferkelschinken pökeln und anräuchern oder nehmen Sie einen kleinen Coburger Schinken mit Schwarte. Das reicht für 6 gute Portionen. Den Schinken 12-24 Std. wässern und in 2 l Apfelwein und 1 l ungesalzener Brühe mit einigen Lorbeerblättern, Wacholderbeeren, Pfefferkörnern und 6 Nelken langsam aufkochen. Abschäumen und nach 1 Std. 1 geschälte Karotte, 1 Stück Knollensellerie, 6 Zwiebeln zugeben und 1 weitere Std. köcheln lassen. Den Schinken herausheben, mit etwas Kochbrühe in eine feuerfeste Form setzen und die Schwarte kreuzweise einschneiden. Mit etwas Zucker bestreuen, ein paar Nelken einstecken und im Backofen leicht karamelisieren lassen. In einem Topf 4 geschälte und entkernte Äpfel in Butter anschwitzen. Das gekochte Gemüse, 1/2 l vom Kochsud, 1 Glas Apfelschnaps, 1 Prise gemahlene Nelke und 1/4 l Sahne zugeben. Aufmixen und etwas einkochen. Den Schinken in Scheiben schneiden und mit der Sauce, Salzkartoffeln und vielleicht Sauerkraut, das mit dem Kochfond bereitet wurde, servieren.

Blutwurst gebraten, auf Kompott von roten Zwiebeln mit Apfelscheiben

500 g rote Zwiebeln schälen und in feine Ringe schneiden. In einer Pfanne Butter aufschäumen und 1 Eßlöffel Zucker einstreuen, die Zwiebelringe hinzufügen und anbraten. Mit 1 Schuß Rotweinessig ablöschen, salzen, pfeffern und 1 gestoßene Nelke dazugeben, kochen, bis die Zwiebeln weich sind und der Saft leicht karamelisiert. Das Kompott auf die Mitte der Teller verteilen. In einer Pfanne pro Person 1 ca. 2 cm dicke Scheibe Blutwurst ohne Grieben von beiden Sei-

ten knusprig braten. Die Blutwurst mit etwas Gewürzpulver, aus 3 Nelken, 1 Muskatblüte, 6 Pimentkörnern und 2 kleinen getrockneten Chilischoten gemahlen, bestreuen. Mit in Butter gebratenen Apfelscheiben umlegen. Wer mag, kann auch diese mit dem Gewürzpulver bestäuben.

Feigen in Gewürz-Punsch

1/2 l Rotwein (Bandol oder Syrah von der Rhône) mit der fein abgeschälten Schale von 2 Orangen und 1 Zitrone, dem Saft von 2 Orangen, 6 Nelken, 1 Zimtstange, 60 g Zucker und 5 cl Portwein einmal aufkochen und 1 Std. ziehen lassen. 12 reife, aber noch feste blaue Feigen mit einer Nadel einige Male einstechen, kurz in kochendes Wasser tauchen, abtropfen lassen und in ein Einmachglas geben. Den Gewürzwein noch einmal aufkochen und sofort zusammen mit den Aromaten über die Feigen ins Glas gießen. Ein Eßlöffel im Glas verhindert das Springen des Glases. Die Feigen sollen bedeckt sein. 6 cl braunen Jamaika-Rum dazugießen und das Glas verschließen.

Zu den Feigen paßt Vanilleeis oder ein Zimt-Parfait.

VANILLE

Als Kolumbus auf der Suche nach neuen Wegen zu den Gewürzinseln die Neue Welt entdeckte, kamen auch bislang unbekannte Pflanzen und Gewürze zu uns, die heute unsere Küche bestimmen: Paprika und Chilis, Piment, Mais, Kartoffeln, Ananas, Passionsfrüchte, Kakao und nicht zuletzt die Vanille. Die Frucht einer Orchideenpflanze würzte die Xocoatl der Azteken. Die Vanille verbreitete sich mit dem Siegeszug der Schokolade. Lange war der Handel mit Vanille ein Monopol der Spanier, die die wilden Schoten in Mexiko ernten ließen. Erst spät entdeckte man die künstliche Befruchtung der Schoten in anderen Gegenden, wie Réunion, Tahiti und Grenada. Trotzdem blieb die Vanille im Gegensatz zu den meisten anderen Gewürzen ein teures Gewürz. Heute wird Vanille vor allem für Desserts und Süßigkeiten benutzt. Inzwischen wird viel mit Ersatzstoffen wie der Tonkabohne und künstlichem Vanillearoma gearbeitet. In der Nouvelle Cuisine machte dann Languste mit Vanille Furore. Immer mehr Köche entdecken die milde Würzkraft der Vanille für Krustentiere, Fisch und weißes Fleisch.

Botanisch ist die Vanille (Vanilla planifolia) die einzige Nutzpflanze unter den Orchideen. Diese Kletterpflanze rankt bis zu 10 m hoch. In den Achseln der Blätter sitzen gelbliche Blüten. Findet eine Befruchtung statt, wachsen bis zu 20 cm lange Kapseln heran. Diese werden noch unreif geerntet, überbrüht und fermentiert. Danach läßt man sie reifen. Besonders gute Vanille hat außen kristallines Vanillin ausgeschwitzt.

Spargel mit Vanille-Hollandaise und Serranoschinken

6-8 schöne Spargelstangen pro Person schälen und wie gewohnt in sprudelndem Salzwasser mit 1 Schuß Weißwein, 1 Eßlöffel Butter und 1 guten Prise Zucker garen. Für die Hollandaise 1 Eßlöffel Kochfond und 1 Eßlöffel Weißweinessig mit 1/2 aufgeschlitzten Vanillestange und 6 zerdrückten weißen Pfefferkörnern in einer Kasserolle auf 1 Eßlöffel Flüssigkeit reduzieren. Die Vanille entfernen und abkühlen lassen. 3 Eigelb und 2 Eßlöffel Wasser zugeben und unter ständigem Aufschlagen erhitzen. Das Eigelb soll gerade anfangen zu garen und eine schaumige, dicke Creme werden. Nach und nach unter ständigem Schlagen 250 g Süßrahmbutter in kleinen Stücken einarbeiten. Das vorherige Klären der Butter ist bei guter, frischer Süßrahmbutter heute nicht mehr nötig. Den Spargel lauwarm am unteren Ende mit dünnen Scheiben von Serranoschinken umwickeln und die oberen Teile mit der Sauce nappieren.

Hummer-Cappuccino mit Vanille

1 kleinen Hummer von 600-800 g in kochendem Salzwasser 5 min. sprudelnd kochen. Aufbrechen, den Magensack und die Kiemen (sitzen unter dem Hauptpanzer, oberhalb der Beine) entfernen. Das graugrüne Corail herausnehmen, ebenso das Fleisch aus Schwanz und Scheren brechen und reservieren. Die Karkasse in Stücke hacken und in Olivenöl kräftig anrösten. 3-5 Knoblauchzehen, 2 Bund Suppengrün in Stücken, einige Thymianzweige, 3 gehackte Schalotten, 1 Chili, 1 Lorbeerblatt, einige Pfefferkörner und 2 Eßlöffel Tomatenmark mit anbraten und mit 5 cl Küchen-Cognac flambieren. Mit einem Glas Noilly Prat ablöschen, mit 1/2 l Weißwein und 1/2 l Hühnerbrühe aufgießen, 40 min.

kochen lassen. Den Fond durch ein feines Sieb abgießen. 1 Vanillestange aufschlitzen und das Mark auskratzen. Die Stange in den Fond geben, 1/4 l süße Sahne dazugießen und kräftig einkochen. Mit Salz, weißem Pfeffer und Cayenne abschmecken und mit 50 g Butter und dem Corail aufmixen. Nicht mehr kochen. 1 dl Milch mit dem Vanillemark aufkochen und im Creamer aufschäumen. Die Suppe in Tassen geben, die Vanillemilch auffüllen und mit Kakao bestreut servieren.

Wolfsbarsch auf Pak Choy
mit Safran-Vanille-Buttersauce

ro Person 1 Stück Wolfsbarschfilet (mit Haut) auf der Fleischseite mit Pfeffer und Salz würzen. An der Hautseite mit der stumpfen Messerseite die Flüssigkeit aus der Haut streifen. So wird die Haut beim Braten knusprig. Die Filets in Öl auf der Haut bei hoher Hitze anbraten, Feuer reduzieren und wenden. Etwas Butter zugeben und bei 170° im Backofen nachgaren lassen. 1 kleinen Pak Choy (chinesischer Senfkohl) waschen, halbieren, in Salzwasser blanchieren und in Eiswasser abschrecken. 1 gehackte Knoblauchzehe in 1 Eßlöffel Butter aufschäumen und den Kohl darin anbraten. 1 dl Weißwein mit 1 Schuß Essig und dem Mark 1/2 Vanillestange und 12 Safranfäden um die Hälfte einkochen. 1 dl Sahne mit aufkochen und 100 g Butter mit dem Mixstab einmontieren. Fisch auf das Gemüse setzen und mit der Sauce umgießen.

In Desserts ist Vanille heute ein viel verwendetes Gewürz.
Dabei ist die echte Vanille selten wirklich der Aromaträger.
Ist die Crème brulée von den schwarzen Samen aus den
Schoten durchsetzt, dann ist das ein Zeichen für einen ehrli-
chen Koch.

Crème brulée (Gebrannte Creme)

1/4 l Milch mit 1/4 l Sahne, 80 g Zucker und dem Mark
von 2 Vanillestangen aufkochen. 6 Eigelb verrühren und die
etwas abgekühlte Milch-Sahne-Mischung dazugießen und
verrühren. In Förmchen geben und bei 120° im Ofen ca.
1/2 Std. stocken lassen. Im Kühlschrank durchkühlen lassen.
Mit feinem braunen Zucker bestreuen und mit einem Bun-
senbrenner (gibt es im Baumarkt) oder unter einem Grill karamelisieren lassen.

Souffliertes Omelett mit Vanille und altem Rum

3 Vanilleschoten längs aufschlitzen. Das Mark herauskrat-
zen. Mark und Schoten in 50 ml Zuckersirup aufkochen und
2 Std. ziehen lassen. Die Schoten entfernen. (Die Schoten
können Sie in ein Glas mit Zucker geben. Sie erhalten so fein
aromatisierten Vanillezucker für andere Zubereitungen.)
5 Eier trennen. Das Eigelb mit dem Zuckersirup aufschlagen, bis es cremig ist. 2 cl alten Rum und 1 cl Orangenblütenwasser zufügen. Das Eiweiß mit 1 Spritzer Branntweines-
sig und 1 Prise Salz steif schlagen und zum Schluß 10 g Puderzucker unterstreuen. 4 Eßlöffelbiskuits in kleine Stücke
brechen und mit Rum tränken. Mit einem Spatel vorsichtig
das Eigelb unter das Eiweiß heben. Die Masse in eine gebutterte Pfanne geben, braten und die Biskuitwürfel einstreuen.
Das Omelett auf eine große Platte in den vorgeheizten Ofen

schieben (Mittelhitze). Mit Puderzucker bestreuen und aufgehen lassen. Mit altem Rum begießen und am Tisch anzünden.

PAPRIKA UND CHILI

Paprika und Chili sind Pfefferschoten, sie unterscheiden sich eigentlich nur durch die Schärfe. Was wir heute als Gemüsepaprika kennen, wurde erst spät in Ungarn aus den schärferen Schoten gezüchtet. Zu uns kam sie durch Kolumbus. Die Indianer Südamerikas verzehrten wilde Schoten seit 8000 Jahren; Inkas, Mayas und Azteken kannten bei der Ankunft der Spanier bereits unzählige Zuchtsorten. Capsicum frutescens, von Gefährten des Kolumbus auf der Insel Hispaniola vorgefunden, war ein billiger Pfefferersatz. Schnell verbreitete er sich auf der Iberischen Halbinsel und durch Spanier und Portugiesen auf der ganzen Welt. Keine hundert Jahre später war Chili in China, ganz Südostasien, Indien, Afrika und über die Türkei bis Ungarn verbreitet und zum Teil in der Küche bestimmend geworden. Bei uns hielten erst das ungarische Paprikapulver, dann Cayennepfeffer und erst sehr spät die Gemüsepaprika Einzug in die Küche. Letztere ist aus der Capsicum annuum gezüchtet. In Mexiko kennt man ungefähr 350 Varietäten der Pfefferschote. Von der milderen *Serrano* bis zur extrem scharfen *Habanero*, von der würzigen getrockneten *Ancho* über die fruchtige *Pasado* bis zu den teuflisch scharfen *Pequín*-Schoten. Chilis sind Nachtschattengewächse, die das für die Schärfe verantwortliche Alkaloid Capsacain enthalten. Es ist vor allem in den Samen und inneren Rippen enthalten. Die Schärfe wird in

Scoville gemessen und reicht von 0 bis 300000. Doch ist die Wahrnehmung sehr subjektiv.

Einige Rezepte mit verschiedenen Sorten aus frischen und getrockneten Arten, von scharf bis mild. Die beiden ersten Rezepte stammen aus dem Piemont.

Gefüllte Paprika Piemont

Es gibt die kleinen runden Kirschpaprika in verschiedenen Schärfestufen. Wählen Sie möglichst eine mittelscharfe Sorte.

Die Kirschpaprika rund um den Stengelansatz aufschneiden und die Samen herausziehen – die Samen enthalten die meiste Schärfe. Eingelegte Sardellenfilets abspülen, um 1 oder 2 Kapern wickeln und in die Paprika geben. Wenn zur Hand, 1 Scheibchen weißen Trüffel darauf geben und die gefüllten Schoten in ein Glas einschichten. Olivenöl auf 90° erhitzen und darübergießen. Die Kirschpaprika sollen bedeckt sein. Verschließen und 2 Wochen durchziehen lassen: ein würziger Appetithappen.

Peperone al tonno

Im Piemont reifen auch milde, aromatische gelbe Gemüsepaprika.

Die Schoten mit Öl einstreichen und in den 180° heißen Ofen auf ein Blech legen. Wenn die Haut braun wird und Blasen wirft, Paprika herausnehmen und mit einem nassen Küchentuch abdecken – so läßt sich nach 20 min. die Haut leicht abziehen. Stiele und Kerne entfernen, die Schoten halbieren. 200 g Thunfisch in Öl mit 3 Eßlöffeln Kapern, 4 Sardellenfilets und 80 g Mayonnaise zu einer Paste verrühren.

Auf die Innenseiten der enthäuteten Schoten streichen und diese aufrollen. Im Piemont eine beliebte Vorspeise.

Paprika mit Stockfisch, gefüllt auf baskische Art

Piquillo-Schoten (kleinere spitze Paprikaschoten) sind mild bis würzig mit leichter Schärfe. Diese Spezialität aus Navarra findet man im Glas in spanischen Geschäften. Über Holzfeuer geröstet und von Hand gehäutet, ideal zum Füllen.
Für 6-8 Stück 200 g Stockfisch 36 Std. wässern. Alle 8 Std. das Wasser wechseln. Stockfisch in Wasser mit 1 Schuß Olivenöl, Knoblauch, Thymian und 1 Lorbeerblatt weich kochen. 1 große Kartoffel mitkochen. Fisch mit der Kartoffel und Olivenöl zu einer Paste pürieren. Mit Petersilie, Pfeffer und Chilipulver würzen und in die Schoten füllen. Je 3 Eßlöffel Olivenöl, Sherryessig, Flüssigkeit aus dem Glas und Tomatenwürfel aufkochen. Die Schoten in der Flüssigkeit erwärmen.

Gefüllte Paprika, türkische Art

8 hellgrüne türkische Gemüsepaprika waschen, Deckel abschneiden und Kerne entfernen. 200 g Lammhack mit 1 feingehackten Zwiebel, Knoblauch und Thymian mischen, mit gemahlenem Kreuzkümmel, scharfem Paprika und Salz würzen. 4 Eßlöffel Reis halb garen und kalt abbrausen. Reis und 2 Eßlöffel Pinienkerne sowie 10 gehackte schwarze Oliven und 80 g zerbröselten Schafskäse unter die Hackmischung geben. Eine klassische Tomatensauce zubereiten und die gefüllten Schoten 20 min. zugedeckt darin dämpfen. Die Paprika auf der Tomatensauce reichen. Vor dem Servieren je 2 Eßlöffel Joghurt über die Schoten geben und mit Chilipulver und Sumach bestreut auf dem Tisch anrichten.

Gulasch oder Pörkölt

Wie sagte schon Qualtinger: »Kleins Gulasch, kleins Bier, 's geht scho wieder.« Dabei ist bei den Magyaren ein Gulyás eine Suppe und unser Gulasch ein Pörkölt. Jeder schwört auf sein Gulasch-Rezept. Dieses stammt vom großen ungarischen Koch Károly Gundel:

400 g geschnittene Zwiebeln in 120 g Schweineschmalz anrösten. 3 gehackte Knoblauchzehen, 3 Eßlöffel edelsüßes Paprikapulver und 1 1/2 kg Rindfleisch aus Wade, Schulter oder Hals in 3 cm starken Würfeln zugeben. Salzen, gut durchrühren und 1/4 l Rinderbrühe, 1/4 l Paprikamark und 1/4 l Tomatensaft aufgießen. 4 Wacholderbeeren, 1 Eßlöffel getrockneten Majoran, gemahlenen Kümmel und Pfeffer dazugeben. Bei kleiner Hitze zugedeckt sanft schmoren. Das kann 2 oder 3 Std. (je nach Fleischqualität) dauern. Ist der Saft verkocht, etwas Wasser nachgießen. Mit scharfem Paprika zum Schluß nachwürzen.

Chili-Chicken

Chili-Chicken chinesisch ist für Liebhaber extremer Schärfe. 1 Poularde in kleine Stücke hacken, wahlweise auch 3 Hühnerbrüste in nußgroße Stücke schneiden. Mit chinesischem Fünfgewürzpulver einreiben und in 3 Eßlöffeln Sojasauce für 2 Std. marinieren. 1 Handvoll getrocknete Szechuan-Chilis in Wasser einlegen. Diese Chilis sind etwa fingerlang und werden beim Trocknen auch leicht geräuchert – das gibt ihnen das besondere Aroma. 2 Bund Frühlingszwiebeln und 2 kleine Pak Choy (chinesischer Senfkohl) in fingerlange Stücke schneiden. Das Fleisch aus der Marinade nehmen und trockentupfen. Im Wok in heißem Öl das Fleisch und die Chilis kurz braten und dann herausnehmen. Das

Gemüse unter Rühren braten, Fleisch und Chilis zurück in den Wok geben. Mit der Sojasauce und 1 dl Sherry ablöschen und servieren. Die Chilis nicht mitessen, sondern nur auslutschen. Das ist scharf genug.

SAFRAN

Safran (Crocus sativus) gehört zu den Iridaceen. Die violett blühende Krokusblume stammt wahrscheinlich aus Vorderasien. Sie wird seit dem frühen Altertum kultiviert. Schon Salomon, Homer und Hippokrates rühmen den Safran. Als Kulturpflanze erfolgt die Vermehrung durch Zwiebeln. Die getrockneten dreiteiligen Narben, die auf dem Griffel der Blüte sitzen, werden als Gewürz, Farbstoff und Medizin verwendet. Nach dem Ernten der Blüten werden die Narben von Hand entfernt. Elegierter Safran ist von feinster Qualität und frei von Griffeln. Natureller Safran darf noch 10 % Griffelreste enthalten. 100 g getrockneter und ausgelesener Safran sind etwa 70 000 Griffel. Das macht Safran bis heute zum teuersten Gewürz. Schon Plinius berichtet, daß nichts so sehr verfälscht werde wie Safran. Aus dem Mittelalter wird von drakonischen Strafen für Safranfälscher berichtet. Heute werden Touristen in Marokko und Tunesien Berge falschen Safrans angedreht. Meist sind dies mit Kurkuma gefärbte Pflanzenteile wie Teile der Ringelblume, Eselsdistel, Artischockenblüte und anderes. Echter Safran ist dunkelorange, duftet intensiv, hat ein leicht bitteres medizinisches Aroma und ist mit den Fingern zerrieben leicht fettig. Um sicherzugehen, daß man wirklich echten Safran kauft, sollte er immer als ganze Fäden erworben werden. Wollen Sie ihn mahlen, zerreiben Sie ihn in einem Porzellanmörser. Wollen Sie das Aroma und die Farbstoffe aufschließen, weichen Sie die Fäden vorher in heißer Flüssigkeit ein.

Safran findet in den Küchen Vorderasiens, Marokkos und Spaniens häufig Verwendung. Dort sind auch die Hauptanbaugebiete. Besonders Safran aus Persien ist heute noch wie vor Tausenden von Jahren von allerbester Qualität. Nach Spanien kam Safran durch die Mauren. Nach England angeblich bereits durch die Phönizier. Aber auch bei uns wurde im Mittelalter Safran, von den Kreuzrittern aus dem Osten mitgebracht, angebaut. Damals würzte und färbte Safran viele Speisen. Die Liedstrophe »Safran macht den Kuchen gel« (gelb) ist eine kleine Erinnerung daran. Die Kärntner »gelbe Suppn«, der Risotto milanese, die Bouillabaisse, die Paella, der schwedische Weihnachtszopf werden ebenfalls mit Safran gewürzt. Vor allem in der Grand Cuisine und der neuen Küche ist Safran als hochfeines Gewürz allgegenwärtig.

Muscheln im Safransud

2 l Muscheln pro Person unter fließendem Wasser abwaschen. Die Byssusfäden abziehen. In einem großen Gußtopf mit 1 Eßlöffel Butter und 1 Schuß Olivenöl zusammen mit Lauch, Zwiebel, Karotten und Sellerie (alles in feine Streifen geschnitten) anschwitzen. Die Muscheln dazuschütten und mit 1/2 l Weißwein aufgießen. Deckel daraufsetzen und unter Schütteln kochen, bis die Muscheln aufgegangen sind. 1 Schöpfkelle Kochfond abschöpfen und darin 1 Teelöffel Safranfäden einweichen. Den Safranfond und 3 dl Sahne zugießen, nochmals aufkochen und servieren.

Risotto milanese

1 große weiße Zwiebel fein hacken, in einer Kasserolle in Olivenöl, 2 Eßlöffeln Butter und 80 g gewässertem Rindermark anschwitzen, ohne daß die Zwiebel Farbe bekommt. 1 Tasse Risotto-Reis der Sorten Arborio oder Vialone zugeben und unter Rühren glasig werden lassen. Kochendheiße Brühe von Huhn oder Rind zugeben, bei Bedarf Brühe nachgießen. Wichtig ist, daß die Brühe immer kocht. 1/2 bis 1 Teelöffel Safranfäden, die vorher in etwas heißer Brühe eingeweicht wurden, zugeben. Ist der Risotto fast gar, mit 2-3 Eßlöffeln Butter und geriebenem Parmesan abbinden. »Mantecare« nennt das der Italiener. Ist die Brühe gut gewürzt, braucht es kein Salz. Parmesan nach Gusto dazureichen.

Der Reis soll noch al dente sein und in einer leichten Welle vom Eßlöffel fließen.

Rotbarben auf Seeigel-Safran-Butter

Rotbarben schuppen und filetieren. Mit einer Pinzette die kleinen Mittelgräten ziehen. Auf ein eingeöltes Blech setzen, salzen, pfeffern und mit Olivenöl beträufeln. Für 3 min. in den 200° heißen Ofen schieben.

Für die Sauce 6 frische Seeigel mit der Schere an der unteren Seite, an der Stelle, an der der Mund sitzt, aufschneiden. Das Seeigelwasser durch ein Sieb in einen Topf gießen. Die orangefarbenen Teile mit einem Eßlöffel herausheben und zur Seite stellen. 1/2 Teelöffel Safranfäden in 1 dl heißem Noilly Prat einweichen. 1 feingeschnittene Schalotte in 1 dl Weißwein mit 1 Schuß Weißweinessig aufkochen und die Flüssigkeit um die Hälfte reduzieren. Das Seeigelwasser und die Hälfte des Safransuds dazugeben und mit dem Mixstab nach und nach 200 g Butter einmontieren. Am Schluß 1 Eßlöffel Sahne und die restliche Safranbrühe dazugeben. Mit Salz und Pfeffer abschmecken. Die Sauce auf die Teller verteilen, die Rotbarbenfilets daraufsetzen und dazwischen die orangefarbenen Corailstücke der Seeigel verteilen.

Als Beilage: Tagliatelle in Butter geschwenkt.

Safraneis mit karamelisierten Birnenspalten

Für das Eis 250 g Zucker mit 5 Eßlöffeln Wasser zum Kochen bringen. 6 Eigelb cremig schlagen. 1/2 Teelöffel Safran in dem heißen Sirup einweichen. In einem dünnen Strahl zum Eigelb gießen und weiter schlagen, bis die Masse etwa Zimmertemperatur hat. 50 cl Sahne steif schlagen und unterziehen. Gut durchrühren und in der Sorbetiere oder im Gefrierfach fest werden lassen.

Birnen schälen, achteln und Kerngehäuse entfernen. Mit dem Saft von 3 Zitronen und 6 Eßlöffeln Zucker, 1 Schuß Weißwein, 3 cl Birnenschnaps aufkochen. Die Birnen halbweich herausheben. Den Kochsud stark einkochen. Die Birnenspalten kurz in Butter anbraten, ein paar Safranfäden darüberstreuen und mit dem Kochsirup ablöschen. Warm oder abgekühlt zum Eis servieren.

Bei der Dosierung mit echtem Safran vorsichtig umgehen, sonst schmecken die Gerichte schnell unangenehm »medizinisch«.

INGWER UND GALGANT

Ingwer (Zingiber officinale Roscoe) ist der Wurzelstock, das Rhizom der Ingwerpflanze, die schilfartige, lanzettenförmige Blätter und dekorative Blüten hervorbringt. Die Rhizome werden frisch, getrocknet und zu Pulver gemahlen als Gewürz und Medikament verwendet. Der Name ist aus *Zingiber* entstanden und wird auf das arabische *Zindschabil* oder auf das Sanskrit-Wort *Shringavera* (geweihförmig) zurückgeführt. Bekannt war Ingwer schon vor 3000 Jahren in Indien und China, wo er in Küche und Medizin verwendet wurde. Der Handel lief über Arabien, so daß Dioskur und Plinius Arabien für die Heimat des Ingwers hielten. In der Küche des Mittelmeerraums hat der Ingwer sich stets behauptet. Bei uns hat er in der Küche des Hochmittelalters bereits eine große Rolle gespielt. Da Ingwer gut in allen Tropenländern gedeiht, wurde er rasch in der Neuen Welt, Jamaica und Brasilien und über die Portugiesen auch in Afrika eingeführt. In England war und ist Ingwer ein beliebtes Würzmittel. In Süßigkeiten, Gebäck, in Limonaden und Bier trifft man den Ingwer wieder. Verwendete man früher vor allem getrockneten Ingwer, so sind heute auch bei uns ständig frische Ingwerwurzeln auf dem Markt. Man kann Ingwer sogar selbst ziehen, indem man treibende Teile des Rhizoms abbricht und einpflanzt.

Mit dem Ingwer verwandt ist der Galgant. Der echte Galgant (Alpinia officinarum) kommt aus China und Thailand, hat eine dünne Haut und helle Austriebe. Er schmeckt harzig, etwas seifiger als Ingwer und ist typisch für die Thai-Currypasten. Daneben gibt es noch den Großen Galgant (Alpinia galanga), der in der malayischen und indonesischen

Küche Verwendung findet, pfeffriger und leicht säuerlich schmeckt und in die Satésauce und viele Suppen gehört. Ingwer und Galgant gelten als kräftiges und stärkendes Magenmittel. Frischer Ingwer ist gut bei Erkältungen und Grippe. Ingwer wird kandiert als Konfekt angeboten. In der japanischen Küche wird Ingwer in Essig und Zucker eingelegt als Gari zu Sashimi und Sushi gereicht.

Thunfisch-Tatar mit Ingwer

Rohen Thunfisch in feinste Würfel schneiden, frischen Ingwer schälen. Auf einer hölzernen Reibe pro 150 g Thunfisch 1 daumengroßes Stück daraufreiben. Den Ingwer, frisch gehackte Frühlingszwiebeln, grünen Schnittknoblauch, etwas helle Sojasauce, Mirin (gesüßter Reiswein), 1 Prise Zucker und 1 Schuß Sesamöl mit dem Thunfisch vermischen.
Auf hauchdünn geschnittenen Limettenscheiben anrichten. Nach Gusto mit gehackten roten und grünen Chilischoten bestreut servieren.

Ingwer-Kokosmilch-Suppe mit Huhn und Garnelen

1/2 Suppenhuhn mit 1 Bund Suppengrün, 1 daumengroßen Stück Ingwer, 1 zerquetschten Stengel Zitronengras, Limettenblättern, 4 Knoblauchzehen, 2 Zwiebeln, 1 Eßlöffel grüner Currypaste, dem Saft von 2 Limetten und 1 l Wasser, Salz und 1 kleinen Chilischote aufkochen und 60 min. sanft simmern lassen. Frische Garnelen schälen und die Köpfe und Schalen mitkochen, durch ein Sieb abgießen. Das Fleisch von den Knochen lösen und kleinschneiden. 2 dl ungesüßte Kokosmilch mit dem Kochfond einkochen. Jetzt Garnelenschwänze, Hühnerfleisch und feingeriebenen frischen Ingwer zugeben und 5 min. köcheln. Mit Limettensaft, Salz und Cayenne nach Geschmack nachwürzen.

Ingwer-Ente

Meersalz, schwarzen und langen Pfeffer, Korianderkörner, Ingwerpulver und frischen Ingwer im Mörser zerstoßen. 1 Ente innen und außen damit einreiben. 2 Zwiebeln, 2 Äpfel und 1 Stück Ingwer grob hacken. Petersilie, frischen Koriander, 3 Knoblauchzehen, die Schale einer Orange und Zitrone (dünn abgeschält) damit vermischen. Die Hälfte der Mischung in die Ente füllen und zustecken. Den Rest mit gehacktem Suppengrün zusammen mit der Ente in einen Bräter setzen. 3 dl Wasser zugießen und bei 180° in den Backofen schieben, 1/2 Std. braten, wenden und 15 min. weiterbraten. Die Ente herausnehmen, den Bratfond durchseihen und entfetten. Die Ente auf einem Rost wieder über die Sauce in den Ofen schieben. 2 Eßlöffel Honig mit 2 Eßlöffeln Sojasauce, 40 g frischgeriebenem Ingwer und 3 Eßlöffeln Orangensaft aufkochen. Die Ente 15 min. weiterbraten und immer wieder damit bestreichen.

Mit Basmati-Reis und im Wok gebratenem Gemüse servieren.

Apfel-Ingwer-Kompott

200 g Ingwer schälen und in Scheiben schneiden. 200 g Zucker mit 2 dl Apfelsaft aufkochen. Ingwerstücke zugeben und einkochen. Ist ein dicker Sirup entstanden, 6 Äpfel, geschält und gewürfelt, zugeben und 4 min. kochen.

Ananas-Ingwer-Tarte

1 Ananas in vier dicke Scheiben schneiden. Das Fruchtfleisch ausschneiden, ohne die Schale zu verletzen. Das Fleisch pürieren und durch ein Sieb streichen. Runde Böden aus Mürbeteig ausstechen und die Ananasringe daraufsetzen.

100 g vom Ananas-Püree und 40 g frisch geriebenen Ingwer mit 100 g Sahne aufkochen. 30 g Zucker mit 4 Eigelb und 30 g Mehl verquirlen und in die kochende Ananassahne einrühren. Einige Minuten unter ständigem Rühren kochen lassen. Mit 1 Schuß Kirschwasser parfümieren. 4 Eiweiß zu Schnee schlagen und 100 g Zucker nach und nach unterrühren. Den Eischnee unter die Ananascreme heben und die Masse in die Ringe verteilen. Bei 225° 20 min. backen und mit Puderzucker bestreut servieren.

KURKUMA

Kurkuma (Curcuma longa) gehört zur Gruppe der Ingwergewächse, der Zingiberaceae. Bei uns ist das Rhizom auch unter dem Namen Gelbwurz bekannt. In der Küche wird Kurkuma vor allem als Farbstoff in den Currymischungen verwendet. Auch in der mittelalterlichen Medizin spielte Kurkuma eine Rolle. Es wurde zudem als Färbemittel benutzt. Als Gewürz ist es bei uns oft nur als preiswerter Safranersatz zu finden. Kurkuma hat einen leicht bitteren, dem Ingwer ähnlichen Geschmack. In der malayischen Küche werden auch die frischen Blätter des Kurkuma für eine delikate Hühnersuppe verwendet. Im englischen Piccalilli findet sich Kurkuma, ebenso in vielen Chutneys.

Blumenkohl-Kurkuma-Suppe

1 Blumenkohl in Röschen zerteilen und waschen, in Salzwasser al dente kochen und herausheben. 6 schöne Röschen pro Portion reservieren. 1 gehackte Gemüsezwiebel in 2 Eßlöffeln Butter anschwitzen. 1 Eßlöffel Madrascurry und 1 Eßlöffel Kurkuma mit anbraten, den Blumenkohl zugeben und 7 dl vom Kochfond aufgießen und den Kohl weich kochen. Anschließend pürieren und mit 3 dl Sahne das Ganze noch etwas einkochen. Die Suppe mit den Röschen als Einlage servieren.

Lamm-Pilaw

1 kg Lammschulter in 3 cm starke Stücke schneiden. Salz, Pfeffer, Koriander, Kreuzkümmel und gehackte Kurkumawurzel in der Gewürzmühle mahlen. Das Fleisch mit der Gewürzmischung einreiben. 2 Gemüsezwiebeln, 2 Karotten und 3 Knoblauchzehen fein hacken. Das Fleisch in Butterschmalz anbraten und das Gemüse, 1 Eßlöffel Kurkuma, 1 Eßlöffel Tomatenmark mit anschwitzen. 3 große Fleischtomaten, ohne Haut und Kerne, 1 Tasse gewürfelte Trockenaprikosen sowie 2 Schöpfkellen Fleischbrühe dazugeben. Abdecken und für 90 min. bei 170° im Ofen schmoren lassen.

Mit Pilaw-Reis, vermischt mit Pinienkernen, servieren.

Malayischer Hühnertopf

1 Huhn in Portionsstücke zerteilen. 1 Zitronengrasstengel, 1 Stück Ingwer, 1 Stück Galgant, 1 Eßlöffel Sambal Oelek und 2 Eßlöffel Kurkuma mit 10 Cashewkernen im Mixer zu einer Paste vermahlen. Die Paste in Öl anrösten und die Hühnerteile zugeben, mit 3/4 l Wasser aufgießen. Frische Kurkumablätter, lange Korianderblätter mit Wurzel, 2 Eßlöffel Tamarindenpaste und 3 geviertelte kleine Pak Choy (chinesischer Senfkohl) zugeben. Kochen, bis die Hühnerstücke gar sind. Chinesische Eiernudeln separat kochen und in Suppenschalen verteilen. Hühnerstücke mit Gemüse und Brühe darauf verteilen. Mit geviertelten hartgekochten Eiern, gehackten frischen Chilis, frischer Minze und Tofuwürfeln garnieren.

KARDAMOM

Kardamom (Elettaria cardamomum) ist ebenfalls eine Gewürzpflanze aus der Familie der Ingwergewächse (Zingiberaceae). Die Pflanze war in den Bergen der indischen Malabarküste heimisch; der Gebirgszug wurde nach dem Gewürz »Kardamomberge« benannt. Der heimische Name für die Pflanze ist das Sanskrit-Wort »Ela«. Den Namen Kardamom wählten die alten Griechen wegen der herz- und magenstärkenden Wirkung der Pflanze (Kardos = Herz und Amonum = Magen). In Antike und Mittelalter wird das Gewürz erwähnt. Als Gewürz verwendet wird die Frucht des Kardamomstrauchs. Am Fuß des Strauchs entwickeln sich lange Rispen mit Samenkapseln. Geerntet werden die ganzen Kapseln. Es gibt grüne und braune Arten. Die klebrigen Samen sitzen dreifächerig in den Kapseln. Heute wird auch in Mittelamerika Kardamom angebaut. Der feinste Kardamom ist der grüne oder gebleichte weiße aus Malabar oder Guatemala. Der braune Ceylon-Kardamom ist etwas derber und leicht bitter. Kardomom ist Teil der Currymischungen, wird aber in Persien, dem Jemen und Arabien auch einzeln in Pilaws und als Speisewürze verwandt. Berühmt ist der mit Kardamom gewürzte arabische Kaffee. In Indien kaut man Kardamom, Anis, Fenchel und Kreuzkümmelsamen nach der Mahlzeit, um einen guten Atem wiederherzustellen. Um das wirksame, würzende Öl zu extrahieren, empfiehlt es sich, die Kapseln aufzubrechen und vorher in einer Pfanne kurz anzurösten. Kardamom findet sich bei uns traditionell im Lebkuchengewürz, in Likören wie auch in skandinavischen Backwaren und wird in der Parfümherstellung gebraucht. Auch als Wurstgewürz kommt er in Franken zum Einsatz. Kardamom hat einen leichten Menthol- und Kampfergeschmack. Man sollte vorsichtig damit würzen.

Escabeche von Rotbarben mit Limetten und Kardamom

Die Teller mit Olivenöl einpinseln. Rotbarben filetieren. Schräg in hauchdünnen Scheiben von der Haut abschneiden. Sternförmig auf den Tellern auslegen. Kardamom in einer Pfanne anrösten. Die Samen aus den Kapseln mit Szechuanpfeffer im Mörser zerstoßen. Mit dem Saft und der abgeriebenen Schale von einer Limette, Meersalz und 1/2 Teelöffel scharfem Senf verrühren. Die Marinade über die Fischscheiben pinseln. Mit frischen Koriander- und Blattpetersilienblättern sowie Tomatenwürfeln garnieren.

Wachteln mit Kardamom, Granatapfelsaft und Quitten

8 Kardamomkapseln in einer Pfanne rösten. Mit je 1 Teelöffel weißem Pfeffer, grobem Salz und 1/2 Zimtstange im Mörser zerstoßen. 8 Wachteln innen und außen mit der Gewürzmischung einreiben. In Butter rundum anbraten und für 5 min. mit gehacktem Suppengrün und 1 Zwiebel in den auf 180° vorgeheizten Ofen schieben. Mit 2 dl Geflügelfond begießen und die Wachteln mit eingedicktem persischen Granatapfelsirup bestreichen. 10 min. weiterbraten und zwischendurch mit dem Bratfond begießen. Die Wachteln herausnehmen und den Bratfond loskochen, durchsieben und entfetten. Quitten schälen, entkernen und würfeln. In Butter anbraten, mit Zucker bestreuen und mit Zitronensaft ablöschen, 1/2 Zimtstange und 3 Kardamomkapseln dazugeben und die Quitten weich dünsten. Den Saft abgießen und sirupartig einkochen. Wieder zu den Quittenwürfeln geben und mit frischen Granatapfelkernen vermischen. Das Kompott auf Teller verteilen und die Wachteln daraufsetzen. Mit der eingekochten Sauce die Vögel nappieren.

Medaillons vom Maibock mit Hoisin-Sauce glasiert, Zimt-Kardamom-Kirschen und gebratenen Polenta-Talern

1 Rehrücken parieren und die Rückenfilets vom Knochen lösen, die Knochen kleinhacken. Knochen und Parüren in Öl kräftig anbraten, 1 Eßlöffel Tomatenmark, 2 Bund gehacktes Suppengrün und 2 Zwiebeln dazugeben und anrösten lassen. Wacholderbeeren, Pfefferkörner, ein paar Kardamomkapseln, einige Streifen Orangenschale und 1 Zimtstange hinzufügen und mit 1 l Rotwein ablöschen, 1 Std. köcheln lassen und durch ein Sieb abgießen. Die Rückenfilets salzen

und pfeffern, in einer Öl-Butter-Mischung kräftig anbraten, mit chinesischer Hoisin-Sauce bestreichen und für 5 min. bei 180° in den Ofen schieben.

600 g Kirschen entkernen. In einer Pfanne 1 Eßlöffel Butter schmelzen, 1 Eßlöffel Zucker, 1 Zimtstange und 4 aufgebrochene Kardamomkapseln dazugeben. Die Kirschen in die Pfanne geben und 1 Glas Portwein angießen. Aufkochen und 5 min. ziehen lassen.

Für die Polenta am besten vorgegarte Polenta verwenden. In Brühe mit 1 Schuß Milch einrühren, aufkochen und ausquellen lassen. Die Polenta auf einem Brett ausstreichen und, wenn sie abkühlt, Rollen von ca. 4 cm Durchmesser formen. Auskühlen lassen. Nach dem Auskühlen in 2 cm dicke Taler schneiden und in Butter von beiden Seiten knusprig braten. Den Rehrücken in Medaillons aufschneiden, in die Mitte die Kirschen geben, 3 Medaillons darum setzen, mit der eingekochten Sauce nappieren und mit den Polenta-Talern umlegen.

Kaffee–Kardamom–Sorbet
6 Eßlöffel Kaffeepulver (Mocca) mit 1 Teelöffel gemahlenem Kardamom vermischen und mit 6 dl kochendem Wasser überbrühen, ziehen lassen und abgießen. 2 dl Zuckerlösung, 2 Teelöffel Instantkaffee, 1 Eßlöffel Kakaopulver und 4 cl Tia- Maria mit dem Kaffee vermischen und in der Sorbetière gefrieren.

STERNANIS

Echter oder chinesischer Sternanis ist der Fruchtstand des im südlichen China heimischen Baums (Illicium verum), der zur Familie der Magnoliaceae gehört. Verwendet werden die hellbraunen Samen, die in einem meist achtfächerigen sternförmigen Fruchtstand sitzen, und die Schalen des Fruchtstandes. Duft und Geschmack sind feurig-würzig mit Anis- und Pfeffer-Aroma. In China schon in früher Zeit als Medizin und Gewürz verbreitet, kommt er nur spärlich über die Seidenstraße nach Arabien und Rußland. Erst gegen 1600 gelangt er erstmals nach London. Neben der Weihnachtsbäckerei war er in der Medizin als magenstärkendes und krampfstillendes Mittel begehrt. In manchen Magenbittern, Anisschnäpsen (so im französischen Pastis, griechischen Ouzo, türkischen Raki) findet er Anwendung. Mir ist er in klaren Rinds- und Hühnersuppen sowie Fruchtkompotts oder Marmeladen unverzichtbar. Sternanis ist ein Bestandteil der chinesischen Gewürzmischung Five Spices (Fünfgewürzpulver).

Rindfleisch-Salat vietnamesisch

300 g Filetspitzen in Streifen schneiden. 4 Sternanis, je 1 Teelöffel Korianderkörner und Szechuanpfeffer mahlen und das Fleisch mit dieser Gewürzmischung einreiben. Für die Marinade Nuoc Mam (vietnamesische Fischsauce) mit etwas süßer Sojasauce, 3 zerdrückten Knoblauchzehen und geriebenem frischen Ingwer verrühren. Fleisch darin 1 Std. einlegen. Kopfsalatherzen zerpflücken. Mit roten Zwiebeln in feinen Ringen, Frühlingszwiebeln, Gurkenscheiben, Paprika- und Karottenstreifen, Minz- und Korianderblättern ver-

mischen. Aus Reis- oder Weißweinessig, etwas Zucker, Erdnußöl, Fleischbrühe, gehackten frischen Chilischoten, 1 Schuß Nuoc Mam und ungerösteten Erdnußkernen eine Vinaigrette rühren und diese über den Salat geben. Das Fleisch im heißen Wok kurz scharf anbraten, mit der Marinade ablöschen und über dem Salat verteilen.

Garnelen oder Krebsschwänze mit Sternanis, Mandarinenschale und Melone

2 Teile Sternanis mit je 1 Teil Zimt und Koriander sowie je 1 Teelöffel getrockneter Mandarinenschale und getrocknetem Chili mahlen. Garnelenschwänze schälen, den Darm entfernen und mit der Mischung einreiben, salzen und in heißem Öl glasig braten. Mit Mandarinen- oder Orangensaft ablöschen. 1 reife Cavaillon-Melone halbieren und Kugeln ausstechen. Das restliche Melonenfleisch auslöffeln. Mit Zitronensaft und etwas von der Gewürzmischung abschmecken. Garnelen, Melonenkugeln und Püree vermischen und mit frischen Minzblättern und scharfem frischen Chili nach Belieben garnieren.

Hochrippe, geschmort

1 Stück abgehangene Hochrippe, ca. 2 kg, in Rotwein (am besten in einem einfachen, kräftigen Côte du Rhône) einlegen. In die Marinade kommen außerdem 3 Zwiebeln, 4 Knoblauchzehen, 3 Karotten, 1/2 Sellerieknolle (alles geputzt und kleingehackt) sowie ein Leinensäckchen mit 1 Zimtstange, 3 Kardamomkapseln, 5 Sternanis, 4 Lorbeerblättern, je 1 Teelöffel Piment und Pfefferkörner. Das Ganze 2 Tage im Kühlschrank durchziehen lassen. Das marinierte Fleisch abtropfen und abtrocknen, kräftig salzen und pfef-

fern, mit etwas Mehl und Zimt bestäuben. In einem Bräter
in sehr heißem Öl rundum anbraten und wieder herausnehmen. Das gut abgetropfte Gemüse mit 2 Eßlöffeln Tomatenmark anbraten und den Rotwein mit den Gewürzen aufgießen. Den Braten einsetzen. Mit Deckel bei 160° im
Backofen 2-3 Std. schmoren. Die Bratzeit hängt von Größe
und Qualität des Fleisches ab, daher spätestens nach 2 Std.
den Braten überprüfen. Ist das Fleisch weich, den Braten
herausnehmen und warm stellen. Die Sauce einkochen,
dann die Gewürze herausfischen und die Sauce samt dem
Gemüse durch ein Sieb streichen (das Gemüsepüree ist die
Saucenbindung). Mit Salz abschmecken. Fleisch aufschneiden und in der Sauce warm halten. Mit einem Kartoffel-Sel-
lerie-Püree servieren.

Rhabarber-Honig-Kompott

1 kg Rhabarber schälen und in 1 cm starke Stücke schneiden.
Leicht einzuckern und 1 Std. stehenlassen. In einem Edel-
stahltopf mit 4 Eßlöffeln Honig aufkochen. Den Rhabarber
herausnehmen und den Fond mit 1 Zimtstange, 4 Nelken
und 2 Sternanis einkochen. Durch ein Sieb über die Rhabar-
berstücke gießen und erkalten lassen.
Mit leicht angefrorenem, ungesüßtem griechischen Joghurt
servieren.

Weinbergpfirsiche in Rotwein

1 l Rotwein mit 180 g Zucker, 3 Sternanis, 1 Zimtstange,
2 Nelken, der Schale und dem Saft einer Orange aufkochen.
8 schöne rote Weinbergpfirsiche oben einritzen, in kochendes Wasser tauchen und in Eiswasser legen. Die Haut abziehen und die Früchte ganz lassen oder halbieren und ent-

kernen. 1 Pfirsichkern aufschlagen und die Mandel mit den Pfirsichen in den Rotweinsud geben, aufkochen und einige Minuten ziehen lassen. Die Pfirsiche herausheben und in ein Glas setzen. Den Sud stark einkochen und über die Pfirsiche gießen, bis diese bedeckt sind. 1-2 Tage im Sud ziehen lassen. Mit Mandel- oder Amaretto-Eis servieren.

PIMENT

Piment (Pimenta officinalis), auch als Allgewürz, Neugewürz und Nelkenpfeffer bezeichnet, kam mit Kolumbus aus der Neuen Welt. Er hielt die Beeren des Pimentbaums für Pfeffer. Der Pimentbaum ist ein Myrtengewächs. In einem nelkenartigen Fruchtstand bilden sich aus den weißen doldenförmigen Blüten die rotbraunen Samen. Piment gedeiht in Mexiko und die feinste Sorte auf Jamaika. Piment riecht nach Pfeffer und Nelke, daher der Name Nelkenpfeffer. Im feinen Geschmack lassen sich Spuren von Pfeffer, Nelke, Muskat, sogar Zimt erahnen. Die Engländer gaben ihm den Namen *Allspice* und verwenden es bis heute gerne in Ragouts, Gebäck und Chutneys. Auch in Skandinavien wird Piment vor allem für Fischmarinaden benutzt. Bei uns ist Piment in der Regel Wurstwürze. Dafür allein ist Piment zu schade, auch wenn eine gute Blutwurst nicht nur in der Karibik reichlich Piment braucht, denn es ist ein wirklich feines Gewürz für Pasteten und Terrinen, Ragouts und Marinaden. Piment ist auch Teil der klassischen französischen Gewürzmischung *Quatre Epices*. Piment sollten Sie wie Pfeffer erst kurz vor der Anwendung in der Mühle mahlen oder im Mörser zerstoßen.

Languste gegrillt, mit Piment und Vanille

Die Languste in sprudelnd kochendes Wasser legen. 5 min. ziehen lassen. Herausheben, etwas abkühlen lassen und längs spalten. Die Hälften mit einer Mischung aus Meersalz, dem Mark einer Vanilleschote und reichlich geschrotetem Piment einstreichen. 4 min. auf jeder Seite auf dem Grill braten. 1 Ananas und 1 Papaya würfeln und mit gemahlenem Piment, 2 kleinen Chilis, dem Saft von 2 Limetten, frischem Koriander und 4 cl Vanille-Zuckersirup vermischen. Auf den Langustenhälften verteilen und mit der längs halbierten Vanilleschote dekorieren.

Königsberger Klopse vom Kaninchen

4 Kaninchenkeulen entbeinen. Das Fleisch mit 200 g durchwachsenem Schweinefleisch durch den Fleischwolf drehen. 1 Zwiebel sehr fein hacken. 4 Scheiben entrindetes Toastbrot in Milch einweichen und ausdrücken. Zusammen mit 1 Ei mit dem Fleisch vermischen. Mit Salz, 2 gehackten Sardellen, Pfeffer, Muskatblüte und gemahlenem Piment sowie abgeriebener Zitronenschale würzen. 8-12 Klopse formen. Aus den Kaninchenknochen, 1 Zwiebel, 1 Stück Sellerie, 1 Karotte mit reichlich Pfefferkörnern, etwas Piment, 1 Lorbeerblatt, 2 Zitronenscheiben, Salz, 1/2 l Wasser und 1/4 l Weißwein eine würzige Brühe kochen. Die Brühe abseihen und die Klopse in die kochende Brühe legen und darin gar ziehen lassen. 2 Eßlöffel Butter in einem Topf schmelzen lassen, 1 Eßlöffel Mehl darin hell anschwitzen und mit 3/4 des Kochfonds aufgießen. Die Sauce 20 min. durchköcheln lassen. Mit Zitronensaft, etwas abgeriebener Zitronenschale, 2 Eßlöffeln kleinen Kapern (Non Pareilles), 1 gehackten Sardellenfilet, Pfeffer und frisch gehackter Petersilie würzen.

Mit dem restlichen Kochfond verlängern und eventuell mit Salz abschmecken. Die Klopse einlegen und darin etwas ziehen lassen. 700 g vorgekochte daumenlange Schwarzwurzelstücke dazugeben und darin erwärmen.
Mit Salzkartoffeln servieren.

Eingemachtes Kalbfleisch

800 g Kalbfleisch aus der Schulter in große Würfel schneiden und mit Würfeln von Karotten, Sellerie, Petersilienwurzeln und Zwiebeln kurz in Butter andünsten. Mit Salz, Pfeffer, Muskat, gemahlenem Piment und 1 Stück Muskatblüte würzen. 1 Lorbeerblatt und den Saft von 2 Zitronen zugeben. 2 Schöpflöffel hellen Kalbsfond aufgießen und alles sanft kochen lassen. In einem Topf 3 Eßlöffel Butter schmelzen. 3 Eßlöffel Mehl einrühren und mit 1 Schuß Weißwein und 1 Schöpfkelle vom Kochfond aufkochen. 10 min. köcheln lassen und dann zum Fleisch gießen. Mit Piment und Muskat abschmecken. 2 Eigelb mit 2 dl Rahm verrühren und das Gericht damit abbinden, aber nicht mehr kochen lassen. Mit Spätzle oder breiten Nudeln servieren.

Sorbet von Bitterschokolade mit Piment auf Mango-Kompott

2 dl Zuckerlösung mit 12 zerstoßenen Pimentkörnern aufkochen. Durch ein Sieb gießen. 50 g Kakaopulver und 150 g Bitterschokoladenkuvertüre darin auflösen. 2 kurze Espresso und 4 cl Tia-Maria-Likör dazugeben und in der Sorbetière gefrieren lassen. Beim Servieren etwas gemahlenen Piment über das Sorbet streuen.

Für das Mango-Kompott die Früchte schälen, Scheiben abschneiden und würfeln. Das restliche Fruchtfleisch ab-
schaben und pürieren. Mit Zuckerlösung, Limettensaft und
1 Spritzer Vanilleextrakt aufkochen. Die Würfel hinzufügen,
aufkochen und vom Feuer nehmen, in den Kühlschrank
stellen und zum Sorbet servieren.

KREUZKÜMMEL, KÜMMEL UND ANDERE

Kreuzkümmel (Cuminum cyminum) kannten schon die alten Ägypter. Seit langem wird die einjährige, weiß bis rosa
blühende Pflanze kultiviert. Im gesamten Orient, in Indien,
Nordafrika und im Mittelmeerraum war und ist Kreuzkümmel ein beliebtes Gewürz. Über die Spanier kam er in die
mexikanische Küche. Es gibt hellbraune bis grüne Sorten
und eine schwarze bis dunkelbraune. Kreuzkümmel riecht
und schmeckt scharf, pfeffrig. In der Pfanne angeröstet entsteht ein stechender Geruch. In Currys, der nordafrikani-
schen Harissa-Sauce, im Ras el Hanut und anderen orientalischen Gewürzmischungen ist Kreuzkümmel unerläßlich.

Karottensalat

1. Variante: 4 große Karotten schälen und auf einer mittel-
feinen Reibe raspeln. Mit Salz, dem Saft von 1 Zitrone und
1 Orange vermischen. Mit Orangenblütenwasser, 1 Prise
Zucker und gemahlenem Kreuzkümmel abschmecken und
mit etwas Olivenöl begießen. Schwarze Oliven als Garnitur
verwenden.

2. Variante: 4 große Karotten schälen und in Scheiben schneiden. Mit 1 Knoblauchzehe, 2 dl Mineralwasser, 1 Eßlöffel Zucker und 1 Prise Salz weich kochen, bis das Kochwasser fast verschwunden ist. Mit 2 Eßlöffeln Olivenöl, dem Saft von 1 Zitrone, je 1/2 Teelöffel Zimt, Kreuzkümmel und Koriander würzen. Mit frisch gehackter Petersilie und Koriandergrün bestreut servieren.

Paprika-Schaumsuppe, kalt mit Buttermilch und Tapenade

Für 4 Personen 10 gelbe Gemüsepaprika mit Öl einstreichen und auf einem Backblech für 20 min. bei 180° im Ofen backen. Herausnehmen, mit einem nassen Küchentuch abdecken und 1/2 Std. stehen lassen. Jetzt läßt sich die Haut leicht abziehen. Häute und Kerne entfernen, den Saft dabei auffangen. Das Paprikafleisch mit dem Saft einer kleinen gelben Habanero-Chili (Vorsicht: extrem scharf, aber würzig und hocharomatisch!), 2 Knoblauchzehen, 4 Eßlöffeln Olivenöl und 2 dl kalter Hühner- oder Gemüsebrühe aufmixen. Mit Salz und gemahlenem Kreuzkümmel abschmecken und kaltstellen.

Für die Tapenade 4 Eßlöffel entkernte schwarze Oliven mit 1 Knoblauchzehe, 2 Sardellenfilets, 1 Teelöffel Kapern und 1 Eßlöffel Olivenöl sehr fein hacken.

Die kalte Paprikasuppe vor dem Servieren mit dem Mixstab aufschlagen und in Teller füllen. Vorsichtig mit eiskalter Buttermilch übergießen, so daß die Oberfläche weiß ist. In die Mitte je 1 Eßlöffel Tapenade setzen.

Chili con carne

Sicher sind die Chilischoten das Hauptgewürz dieses Gerichts, doch wird oft übersehen, daß sie hier das Gemüse sind. Hauptgewürz ist der Kreuzkümmel. Auch haben eigentlich Bohnen im Chili con carne nichts verloren. Wie schon der Name sagt, Fleisch mit Chili ist das Gericht der Herrscher der Azteken.

3 Zwiebeln und 6 Knoblauchzehen hacken und in Öl anschwitzen. 1 kg grobes Rinderhack und 500 g mittelscharfe Poblano-Chilis ohne Kerne in Stücken dazugeben. Unter Rühren weiterbraten, 2 Eßlöffel Tomatenmark und 400 g gewürfelte frische Tomaten, Salz und je 1 Eßlöffel gemahlenen Kreuzkümmel und Koriander hinzufügen. Bei kleiner Hitze 40 min. köcheln lassen.

Lammschulter mit Harissa, Honig und Kreuzkümmel geschmort

Besorgen Sie sich Lammfleisch, das von Tieren stammt, die nicht älter als 3 Monate geworden sind. Das muß man in der Regel vorbestellen oder bei einem türkischen Metzger oder Importeur für französische Produkte beziehen.

Für 2 Personen ideal ist 1 Milchlammschulter. So, wie sie ist, mit Salz, Pfeffer, etwas Zitronensaft einreiben und in Olivenöl anbraten. Röstgemüse (Zwiebeln, Knoblauch, Karotten, Sellerie) kleingehackt mitbraten, 2 Eßlöffel Tomatenmark und 2 frische Tomaten mit anschwitzen, 1/2 Flasche Rotwein und 3 dl Hühnerbrühe angießen und für 1 knappes Stündchen bei 180 ° in den Ofen schieben. Ab und zu mit dem Bratenfond begießen. Ist die Schulter gar, den Bratensatz mit Rotwein ablösen, durch ein Sieb gießen, entfetten und einkochen. Den Braten mit einer Mischung aus 2 Eßlöffeln Honig, etwas Zitronensaft, 1/2 Eßlöffel Harissa (marokkanische Würzpaste aus Koriander, Kreuzkümmel und Chilis; Vorsicht, scharf!) gut einreiben oder bepinseln. Noch einmal 3-5 min. im Ofen knusprig werden lassen, aber darauf achten, daß nichts verbrennt.

Dazu passen ein warmes Pittabrot oder Rosmarin-Kartoffeln, ein leichter Chianti oder ein Roter von Heger oder Fürst.

Sind 3 oder 4 Personen am Tisch, kann man die Schulter füllen. Vom Metzger die Knochen auslösen lassen. Für die Füllung 1/2 Pfund Lammhackfleisch mit 2 gehackten Zwiebeln und Knoblauch anbraten. 120 g Reis dazugeben und glasig dünsten. Mit 1 Eßlöffel Harissa, gemahlenem Kreuzkümmel und Salz würzen. 3 dl Hühnerbrühe aufgießen und kochen, bis die Flüssigkeit aufgesogen ist. Abkühlen lassen und einige Mandeln, Pinienkerne, Sultaninen, Stücke von getrockneten Aprikosen und 1 Ei als Bindung untermischen. Als Rollbraten binden und wie oben beschrieben garen. Die Füllung ist zugleich Beilage.

KÜMMEL

Kümmel (Carum carvi) ist schon seit der Jungsteinzeit Bestandteil unserer Küche. Er ist eine winterharte zweijährige Pflanze und gehört wie Anis, Dill und Koriander zur Familie der Doldenblütler. Die sichelförmigen Früchte enthalten ein ätherisches Öl (Carvon). Dieser Kümmel des Nordens ist kleiner, grauschwarz, etwas milder als der verwandte Kreuzkümmel und hat ein leichtes Zitronen- und Anis-Aroma. Er würzt Roggenbrot, Kümmelstangen und Bagels und paßt zu

Münsterkäse, Handkäse und Kochkäse. Er gehört in die Nürnberger Stadtwurst, Krakauer, gemahlen in ein richtiges Gulasch, ganz ins Sauerkraut und andere Weißkohlgerichte. Und wer auch Pellkartoffeln mit Liebe kocht, vergißt nie die rechte Prise Kümmel. Bekannt ist, daß Kümmel bei der Verdauung hilft und Blähungen bekämpft, die oft von Kohl verursacht werden. So findet sich der Kümmel auch im Kümmelschnaps und Aquavit, als Digestiv und in Naturheilmitteln.

Krautsalat, lauwarm

1 kleinen Krautkopf (möglichst junger Spitzkohl) in feine Streifen schneiden und einsalzen. Mit einem Gewicht beschwert 2 Std. stehenlassen. Die Flüssigkeit abgießen. Mit kochendem Wasser übergießen und gut abtropfen. 150 g würzigen Räucherspeck in einer Pfanne auslassen, 1 kleine Tasse Essig zugießen und mit dem Kraut vermischen. Mit ganzem Kümmel und gemahlenem Pfeffer noch warm servieren.
Paßt wunderbar zu Ente oder zu einem knusprigen Spanferkelbraten.

Bauernschmaus aus den Vogesen

2 Zwiebeln in Ringe schneiden. Acht Scheiben geräucherten Bauernspeck in etwas Butterschmalz anbraten. Die Zwiebeln und 500 g gekochte Kartoffeln in Scheiben dazugeben und mitbraten. Salzen, pfeffern und 500 g jungen Münsterkäse in Stücken untermischen. Mit 1 Eßlöffel Kümmel bestreuen und für 15 min. in den heißen Backofen schieben. Mit einem Salat als Beilage servieren.

Kraut und Rüben

8 kleine Rote Bete in Wasser mit 1 Schuß Rotweinessig, Salz, 2 Eßlöffeln Zucker, 1 Teelöffel Kümmel und einigen Pfefferkörnern weich kochen. Abgießen und schälen. 1 kleinen Weißkohl in Streifen schneiden. In kochendem Salzwasser blanchieren und in Eiswasser abschrecken. 1 feingehackte Zwiebel in Butter anschwitzen, Kohl dazugeben, mit Salz, Pfeffer und gemahlenem Kümmel würzen und mit 2 dl Sahne aufgießen.

8 kleine Navets (weiße Rübchen) schälen und vierteln. In Butter mit etwas Zucker anschwitzen, etwas Wasser angießen und gar schwenken. 1/3 der Navets mit dem Mixstab pürieren.

Die Rote Bete vierteln und in etwas Rotweinessig erhitzen.

Das Püree auf die Teller verteilen und mit den weißen und roten Rüben garnieren. Mit gemahlenem Kümmel und frisch geriebenem Meerrettich den letzten Pfiff geben.

Schmeckt so Vegetariern, paßt aber auch als Beilage zu einem knusprig gebratenen Zander.

Polnischer Bigos

Je 200 g Räucherspeck, Schweinefleisch, Kalbfleisch und Entenfleisch in Schmalz rundum anbraten. 200 g Kabanossi oder Krakauer Wurst und 200 g Pilze, beides in Scheiben geschnitten, mitbraten. 700 g Sauerkraut und 700 g Kartoffeln in Würfeln dazugeben und mit 1/2 l Fleischbrühe auffüllen. Mit reichlich Kümmel, Pfeffer, 1 zerdrückten Knoblauchzehe, etwas Zucker und 1 Schuß Rotwein würzen. 40 min. köcheln lassen.

AJOWAN

Ajowan (Trachyspermum ammi), auch als Adiowan oder Ajwain bezeichnet, ist ein kümmelähnlicher Doldenblütler. Er hat ein scharfes, an Thymian erinnerndes Aroma. Dieses entfaltet sich erst richtig, wenn man die Samen in der Pfanne anbrät. Der Wirkstoff Thymol wird als Medizin gegen Erkältung eingesetzt. Ajowan gehört zu den Bestandteilen indischer Gewürzmischungen und wird für Brot und Hülsenfruchtgerichte vor allem in der bengalischen vegetarischen Küche verwendet. Auch in der arabischen Küche und in der äthiopischen Berebere-Gewürzmischung, in Verbindung mit langem Pfeffer, stoßen Sie auf dieses Gewürz.

Sollten Sie die indische Küche lieben, werden Sie schon festgestellt haben, daß Linsen zu fast jeder indischen Mahlzeit gehören. Ob als Papadam (Fladenbrot aus Linsenmehl), typisch für die Küche des indischen Nordens, oder als Hauptprotein-Lieferant der südindischen vegetarischen Küche, stets sind Hülsenfrüchte (Dal) im Spiel und mit den Linsen Ajowan. Allerdings werden für die Dals nicht nur Linsen verwendet, sondern auch gehäutete und geteilte Bohnenkerne wie die schwarzen Urad Dal.

Masala Vadai

1/2 Tasse Urad Dal, 1/2 Tasse rote Linsen und 1/2 Tasse gelbe Linsen in 5 Tassen Wasser 2 Std. einweichen. Das verbliebene Wasser abgießen und die Hülsenfrüchte mit 5 roten Chilischoten im Mixer zu einer Paste zerkleinern. Salzen und mit 1/2 Tasse feingehackter Zwiebel, angerösteten Ajowansamen, 1 Bund Koriandergrün, einigen Curryblättern und 1 Stück frischem Ingwer, alles feingeschnitten, vermischen.

Mit der Hand kleine Frikadellen formen und in heißem Öl goldbraun ausbacken. Mit Ajowan, Schwarzkümmel und Zwiebelsamen bestreuen.

Dieses Masala heiß mit einem Chutney servieren.

SCHWARZKÜMMEL

Schwarzkümmel (Nigella sativa), bei uns mehr als Zierpflanze mit zartblauen Blüten als Nigella bekannt, ist im Mittleren Osten und Indien ein verbreitetes Gewürz. Er ist nicht mit dem Kümmel verwandt. Oft wird er wegen seiner Farbe und Form mit den Zwiebelsamen verwechselt. Schwarzkümmel ist ein Hahnenfußgewächs. Er hat ein pfefferig-nussiges Aroma, erinnert an Oregano mit leichter Anis-Note und wird in der türkischen und orientalischen Küche oft zusammen mit Sesam aufs Fladenbrot gestreut. In persischen und indischen Auberginen- und anderen Gemüsegerichten findet man ihn als Gewürz. Manche Currymischungen enthalten Schwarzkümmel.

Pide, türkisches Brot

10 g frische Hefe mit 1 Prise Zucker in 50 ml lauwarmem Wasser auflösen. 400 g Weizenmehl in eine Schüssel sieben. Hefeansatz in eine Mulde geben und 250 ml Wasser angießen. Alles durchkneten, bis der Teig elastisch ist. Mit etwas Olivenöl bestreichen und zugedeckt 2 Std. gehen lassen. Noch mal kurz durchkneten, pflaumengroße Bälle abzupfen und auf einer bemehlten Fläche zu 1 cm starken Fladen ausrollen. Wieder mit Mehl einstäuben und abgedeckt ruhen lassen. Auf gefettete Bleche setzen, mit Schwarzkümmel und

Sesam bestreuen und mit etwas Salzwasser besprengt im 220° heißen Ofen ca. 6 min. backen.

Noch warm zu Meze oder Kebap reichen.

Schwarzkümmel würzt auch einen türkischen Rettichsalat aus geriebenem Rettich mit Salz, Zitronensaft, Olivenöl und einer kräftigen Prise Schwarzkümmel oder einen Zwiebelsalat aus dünnen weißen und roten Zwiebelscheiben mit Petersilie, frischen grünen Paprikaschoten, Peperoniflocken, Minze und Schwarzkümmel.

Beides wird zu Fleisch vom Grill mit frischen Fladenbroten serviert.

FENCHEL

Fenchel gehört zur Familie der Doldenblütler wie Anis, Dill, Kerbel, Koriander, Kreuzkümmel, Kümmel, Liebstöckel und Pimpernelle. Diese haben als Küchen- und Gewürzkräuter, ebenso wie als Gemüse, einen hohen Vitamin- und Mineralgehalt, und die ätherischen Öle machen sie zu wertvollen Heilpflanzen. Im Mittelmeerraum ist der wilde Fenchel ein beliebtes Gewürz. Vor allem in Italien hat man aus dem Fenchel (Foeniculum vulgare) den süßen Zwiebel- oder Knollenfenchel gezüchtet. Würzt dort der wilde Fenchelsamen (oder besser die getrocknete Blüte) hervorragend Wurst wie beispielsweise die toskanische Finocchiona oder die sizilianische Salsiccia sowie Fisch oder Brot, so kommt in den Wintermonaten der süße Gemüsefenchel in allen Variationen auf den Tisch. In Frankreich verspeist man die jungen grünen Triebe im Salat, mit Fenchelsamen würzt man Fischfond, Suppen, und das trockene Fenchelheu verbrennt man, um dem Loup de Mer vom Grill Aroma zu geben. Fenchelsamen sind ein Bestandteil des chinesischen Fünfgewürzpulvers. Bei uns spielte Fenchel in der Küche immer ein untergeordnete Rolle. Zwar gehörte er wie Anis, Kümmel und Koriander zu den würzenden Samen des Mittelalters, würzte Brot, diente beim Einlegen von Gurken und Sauerkraut und gab Gebäck seine besondere Note, aber verbreitet war Fenchel mehr als Heilpflanze. Ich mag Fenchel in Hustenbonbons. Fencheltee bekommen Kinder gegen Blähungen.

Salat von Fenchel, Blutorangen und schwarzen Oliven

Mit diesem einfachen Gericht habe ich meine alten Vorurteile besiegt.

1 frische Fenchelknolle längs halbieren. Die holzigen grünen oberen Teile abschneiden. Das gefiederte Grün reservieren. Den unteren Strunkanschnitt abschneiden. In sehr dünne Scheiben schneiden (geht gut mit der Aufschnittmaschine), salzen, pfeffern und im Saft von 1/2 Zitrone und 3 Eßlöffeln Olivenöl einlegen. Von einer Blutorange mit dem Messer die Haut abschälen und die Filets ausschneiden. Die Filets mit 1 Prise Zucker, ein paar schwarzen Oliven (möglichst gebackene sizilianische), dem gehackten Fenchelgrün, gezupften Petersilienblättern, ein paar Tomatenwürfeln und 1 Prise Fenchelsamen unter den Fenchelsalat mischen.

Das schmeckt pur und ist mit ein paar gebratenen Garnelen oder gekochten Oktopusstücken eine leichte Vorspeise.

Fenchel auf vier Arten

Hier zeigen sich die Variationsmöglichkeiten, die in diesem Gemüse stecken.

Sie benötigen 4 junge Fenchelknollen. Das obere Grün kürzen, den Stielansatz abschneiden, ohne daß die Knolle auseinanderfällt. 1 Knolle achteln und in Salzwasser mit 1 Schuß Pernod bißfest kochen. Herausheben und abtropfen. 1 Knolle halbieren und roh in feine Scheiben schneiden. In Zitronen- und Orangensaft und etwas Olivenöl einlegen. Die beiden anderen Knollen in 1 cm starke Scheiben schneiden. Die Hälfte salzen und pfeffern und in Olivenöl in einer Pfanne braten, bis sie knusprig sind. Die andere Hälfte durch einen Backteig ziehen und in Öl ausbacken. Die vier Varianten auf den Tellern verteilen und mit einer leichten Mayonnaise, die mit Fenchelgrün, Pernod und etwas Kochfond gewürzt ist, überziehen.

Natürlich können Sie dazu auch gebratene Rotbarben, Sardinen oder einen anderen Fisch servieren und diesen mit Fenchelsamen oder Blüten würzen.

»Pasta con le Sarde«

Dies ist ein sizilianischer Klassiker – allerdings sehr gewöhnungsbedürftig! Dazu braucht man eine wilde Gemüsefenchelart, die bei uns sehr selten angeboten wird. Die weniger wilde Variante schmeckt auch mir persönlich besser.

2 Fenchelknollen großzügig putzen. Das feine Grün (möglichst viel) reservieren. Den Strunk, die ersten äußeren Schalen der Knolle und die holzigen grünen Stengel in 2 l Salzwasser kochen. Das Kochwasser reservieren. In einer Pfanne 1 Zwiebel und die feingeschnittenen Fenchelstücke in Olivenöl anbraten. 2 eingelegte Sardellenfilets, 2 Eßlöffel Pini-

enkerne und 1 Eßlöffel Rosinen zugeben. 500 g frische Sardellen, geschuppt, ausgenommen und filetiert unterrühren und nur 2 min. gar ziehen lassen. Das gehackte Fenchelgrün unterziehen. Spaghetti im Kochwasser al dente garen und zusammen mit 1 Eßlöffel Kochsud die Pasta untermischen. In einer Pfanne 3 Eßlöffel frische Semmelbrösel in Olivenöl anbraten und unter die Pasta mit den Sardinen mischen.

Wolfsbarsch mit Fenchel

2 große Kartoffeln schälen, in dünne Scheiben schneiden und in Olivenöl anbraten. 2 Fenchelknollen ebenfalls in dünne Scheiben schneiden und zusammen mit 4 Scheiben in Streifen geschnittener Finocchiona (italienische Fenchelwurst) leicht knusprig braten. Beides in eine feuerfeste Form schichten. 2 Wolfsbarschfilets von je 300 g halbieren und zuerst auf der Hautseite vorsichtig anbraten, wenden und nach weiteren 2 min. Bratzeit auf die Gemüsescheiben betten. Salzen und pfeffern, 1/4 l Fischfond und 1 Glas Weißwein angießen. 2 Fleischtomaten würfeln und zusammen mit Petersilie über den Fisch streuen und das Ganze für 10 min. in den 180° heißen Ofen schieben.

Wolfsbarsch gedämpft, mit Sauce Aioli

1 Wolfsbarsch von 2 kg (oder 1 Zahnbrasse) ausnehmen, schuppen und im Bauch salzen und pfeffern. Petersilie, Fenchelgrün, 1 Knoblauchzehe und feingeschnittene Zwiebeln in den Bauch geben. In eine feuerfeste Form ein Gemüsebett aus 2 in Streifen geschnittenen Zwiebeln, je 1 Fenchelknolle, Lauchstange, Karotte, einigen Stücken Stangensellerie und 2 geviertelten Tomaten auslegen. Den Fisch daraufsetzen. Alles salzen. Mit 1/2 l Weißwein, 4 cl Noilly Prat, 4 cl Pastis,

Wasser und 1 Schuß Olivenöl auffüllen, so daß der Fisch bedeckt ist. Aufkochen, die Form mit Folie abdecken und 30-40 min. (je nach Größe des Fisches) in den 180° heißen Ofen geben.

Kleine Kartoffeln, Karotten, grüne Bohnen, Artischocken-herzen, Stangensellerieherzen und Fenchelknollen kochen.

Aus 4 mit Salz zerdrückten Knoblauchzehen, 6 Eigelb und 1/2 l feinstem Olivenöl eine Aioli aufschlagen. Den Fisch auf einer Platte mit dem Gemüse umlegt servieren. Die Aioli mit einigen Eßlöffeln Fischsud zu einer Creme verdünnen und dazureichen.

Ist es sehr heiß, schmeckt dieser Fisch mit dem Gemüse und der Aioli auch lauwarm oder kalt. Der Sud ist eine sehr gute Suppe für den Abend oder den nächsten Tag. Mit gerösteten Brotscheiben und Aioli servieren.

ANIS

Anis ist der Samen der Pimpinella anisum. Dieses weiß- und rotblühende Doldengewächs ist ursprünglich im östlichen Mittelmeerraum beheimatet. Anis hat einen starken, süß-lich-aromatischen Geruch und Geschmack. Anis wird zur Aromatisierung von Likören verwendet. Der türkische Raki, der griechische Ouzo, der spanische Chinchón und der süd-französische Anisette sind die entsprechenden Vertreter. Blätter werden als Tee gegen Verstopfung und zur Beruhi-gung verwendet. Die Blätter wie auch die gerippten blaß-braunen Samen verlieren schnell ihr Aroma. In der Küche wird Anis im Süden für Fischsuppen und Meeresfrüchte ver-wendet oder würzt Gebäck und Konfitüren.

Sardinen in Weinblättern

Sardinen ausnehmen, Köpfe und Gräten entfernen, aufklappen, mit Zitronensaft beträufeln, etwas Salz und Anis einstreuen und zusammenklappen. In 1 eingelegtes, 1 Std. ge-
wässertes Weinblatt wickeln und 5 min. auf dem Grill unter
mehrmaligem Wenden braten.
Als Happen zum Ouzo reichen.

Barsch mit Raki und Kräutern in Papier gedünstet

1 Barschfilet von 800 g in 4 Stücke schneiden. 4 Butterbrot-
papiere mit etwas Butter einstreichen. Je 1 Tomatenscheibe,
gehackte Frühlingszwiebel, Petersilie und die Fischfilets
daraufsetzen. Etwas Minze, Dill, grüne Paprika, rote Paprikaflocken und Anissamen auf den Fisch geben, 1 Lorbeerblatt und 1 Zitronenscheibe und je 1 Eßlöffel Wasser, Olivenöl und Raki darübergeben. Die Päckchen fest verschließen und im Ofen bei 180° 15 min. garen. Am Tisch öffnen.

Anis–Springerle

Dieses Gebäck bereitete meine Großmutter immer in der
Weihnachtszeit.
4 Eier mit 500 g Zucker und der abgeriebenen Schale einer
Zitrone schaumig rühren. 500 g Mehl einsieben und 25 g
frisch gemahlenen Anis unterrühren und zu einem festen
Teig schlagen. 5 mm dick ausrollen und in viereckige Plätt-
chen schneiden. Diese in bemehlte Holzmodeln drücken
und wieder herausnehmen. Abgedeckt einige Stunden an-
trocknen lassen und dann auf einem gebutterten Blech bei
160° nur blaßgelb backen. Auskühlen lassen und für 2-3 Wochen in einer Blechdose aufbewahren, damit sie weich werden.

Gefüllte Feigen im Anissud

5 dl Wasser mit 500 g Zucker, 1 Teelöffel Anis und dem Saft einer Zitrone aufkochen. 1 1/2 kg getrocknete Feigen darin sanft weich köcheln. Vorsichtig herausheben, aufschneiden und mit einer Mischung aus gehackten Walnüssen, Pinienkernen und Pistazien füllen und wieder zusammendrücken. In den Sud zurückgeben und darin auskühlen lassen.

KORIANDER

Koriander (Coriandrum sativum) gehört ebenfalls zu den Doldengewächsen. Seine Heimat ist der Mittelmeerraum, aber auch in Indien und den Kaukasusregionen wurde er schon früh angebaut. Er ist wohl eines der ersten von den Menschen häufig verwendeten Gewürzen. Wir wissen, daß er von den alten Ägyptern, in Mykene und Assyrien benutzt wurde. Sowohl der Same als auch das Grün der Korianderpflanze (Ciltrano) wird in der Küche verwendet. Koriander mit seinen gefiederten Blättern ist auch als chinesische Petersilie bekannt. Dort, in Südostasien, Arabien, Marokko, aber auch in Portugal und Mexiko sind die frischen Blätter aus der Küche nicht wegzudenken. Koriandergrün spaltet die Feinschmecker in zwei Lager: die Liebhaber und Verächter. Das liegt an seinem eigentümlichen Geruch. Schon die alten Griechen bezeichneten ihn als Wanzendill nach dem griechischen Wort für Wanze (Koris). Diese Tiere sollen ähnlich duften. Andere beschreiben den Duft als Mischung aus Kreuzkümmel und Orangenschale. Bei uns und im Orient benutzt man vor allen die Samen des Korianders als Gewürz für eingelegte Gemüse, Eintöpfe oder wie in der Türkei für würzige Köfte (Hackfleischbällchen). Sie sind Teil der Baharat-Gewürzmischung, die in der Türkei, Syrien und Ägypten häufig benutzt wird. Die ägyptische Küche benutzt noch eine Mischung von Koriander mit Salz, Sesam und Kreuzkümmel, die »Dukkah« heißt und dort fast allgegenwärtig ist auf dem Brot, in Gemüse- und Fleischgerichten. Auch in den Currygerichten und Masalas Indiens dürfen Koriandersamen nicht fehlen. Neben Kraut und Samen wird in der Küche Indochinas auch die leicht seifig schmeckende Korianderwurzel häufig als Würze eingesetzt. Der Franke würzt gern sein Brot mit Koriandersamen. Hier zunächst einige Rezepte mit Koriandersamen als Gewürz. Mehr Rezepte mit Koriandergrün sind im Kapitel »Kräuter« zu finden.

Lachs-Carpaccio mit Tomaten-Vinaigrette

Die Teller mit Olivenöl einpinseln. Von 1 Lachsfilet schräg dünne Scheiben abschneiden und kreisförmig darauflegen. 1 Fleischtomate enthäuten und entkernen, das Tomatenwasser auffangen. Szechuanpfeffer, weißen und schwarzen Pfeffer, Korianderkörner und Piment zusammen mit Meersalz im Mörser zerstoßen. Die Gewürze mit abgeriebener Zitronenschale, 4 Eßlöffeln Olivenöl, 1 Prise Zucker, 1 Eßlöffel Weißweinessig und 1 Eßlöffel Tomatenwasser verrühren. Das Tomatenfleisch fein würfeln und mit 2 Eßlöffeln Kräutern (Schnittlauch, Petersilie, Kerbel) zu der Vinaigrette rühren. Die Lachsteller damit gut bestreichen.

Anatolische Linsensuppe

1 Zwiebel, 1 Karotte und 4 Knoblauchzehen feingehackt in etwas Lammfett oder Butter anschwitzen. 200 g Reste vom Lammbraten oder gekochtem Rindfleisch in Stücken dazugeben. Mit je 1 Teelöffel zerstoßenen Koriandersamen, Kreuzkümmel und Chiliflocken würzen. 1 Eßlöffel Tomatenmark unterrühren, 100 g gewaschene rote Linsen zugeben und mit 1 l Fleischbrühe auffüllen. Köcheln lassen und gelegentlich umrühren, damit die Linsen nicht ansetzen. Mit Zitronensaft abschmecken und 1 Eßlöffel Joghurt auf die Suppe setzen. Mit frischer Petersilie bestreut servieren.

Lauchsalat

1 kleine Zwiebel, feingehackt, und 2 mit Salz zerdrückte Knoblauchzehen in Olivenöl andünsten. 10 junge Lauchstangen, geputzt und zu jeweils 3 Stücken geschnitten, dazugeben. Mit dem Saft von 2 Zitronen und 2 Schöpfkellen Wasser ablöschen, salzen sowie 1 Prise Zucker und 1 Teelöffel Koriandersamen zufügen. Ohne Deckel kochen, bis der Lauch gar ist. Mit Olivenöl begießen und mit Zitronenscheiben und Dill garniert warm oder kalt servieren.

Lammleber mit Koriander

3 Knoblauchzehen in Olivenöl anbraten, herausnehmen und mit 2 Eßlöffeln grobem Salz und 1 Eßlöffel Korianderkörnern im Mörser zerstoßen. 500 g Lammleber in Stücke schneiden. In etwas Mehl und süßem Paprika wenden und in dem Öl rundum anbraten. Mit dem Knoblauch-Koriander-Salz würzen, den Saft einer Zitrone darüber auspressen und mit Petersilie, Minze und Koriandergrün dekoriert servieren. Fladenbrot oder Pilaw-Reis dazureichen.

Venus-Muscheln portugiesischer Art

Olivenöl mit Knoblauch in der Pfanne erhitzen. Muscheln, Zitronensaft, Weißwein, 1 Chilischote und gehacktes Koriandergrün zugeben, abdecken und kochen, bis die Muscheln geöffnet sind (ungeöffnete entfernen). Im Sud servieren.

Schweinefleisch mit Muscheln nach Art des Alentejo

2 Zwiebeln, 3 Knoblauchzehen, 1 Chilischote, je 1 rote, gelbe und grüne Paprikaschote und 1 gewürfeltes Schweinefilet in Olivenöl anbraten. 3 geschälte und entkernte Tomaten, 2 dl Weißwein sowie 800 g entsandete Venus-Muscheln zugeben. Aufkochen, bis die Muscheln sich öffnen. Geschlossene Muscheln entfernen. Mit Pfeffer, gehackter Petersilie und Koriandergrün würzen.

Dieses Gericht servierte die Inquisition, um Scheinkonvertiten, Juden und Mauren zu entlarven, denen sowohl der Genuß von Schwein als auch von Muscheln untersagt ist.

SUMACH

Sumach (Rhus coriaria), der aus den Beeren des Sumachstrauchs gewonnen wird, ist ein in Persien, Syrien und der Türkei häufig verwendetes Gewürz. Die roten Beeren werden getrocknet und gemahlen. Sumach ist ein fruchtig-säuerlich schmeckendes Gewürz, das, wie der Granatapfelsaft, oft den Zitronensaft ersetzt. Es gehört auf die Lahmacun, eine Art türkische Pizza. Man streut es über die Scheiben des Dönerfleisches, auf Salate, Fischsuppen und Reisgerichte.

Zigeunersalat

2 rote Zwiebeln und 1 milde weiße Zwiebel in dünne Scheiben schneiden. 2 grüne Paprika, 1 rote Paprika und 3 grüne
scharfe Chilis in Streifen schneiden. 1 dicke Fleischtomate
(gehäutet), 1 Knoblauchzehe, mit Salz zerdrückt, und 1 Bund
gehackte glatte Petersilie dazumischen. 150 g Schafskäse dar-
überbröseln und mit dem Saft einer Zitrone und Olivenöl
anmachen. Je 1 Teelöffel milde Paprikaflocken und Sumach
über den Salat streuen.

Bosporus-Pilaw

1 feingehackte Zwiebel in Butter anschwitzen. 2 Eßlöffel
Pinienkerne, 2 Eßlöffel gehackte Haselnüsse, 1 Eßlöffel Sultaninen, 1 Prise Zucker, je 1 Teelöffel Piment und Zimt sowie
350 g Reis (Basmati), gewaschen und gut abgetropft, dazurühren. 750 ml Wasser aufgießen, mit Salz und Pfeffer
würzen und zum Kochen bringen. 24 schöne Miesmuscheln
darauflegen. Hitze reduzieren und zudecken. Sind die Muscheln aufgegangen und die Flüssigkeit eingezogen, alles
in eine gebutterte Form geben. 12 Garnelenschwänze mit
1 Knoblauchzehe in Öl anbraten und untermischen. 12 ent-
grätete frische Sardinen darauflegen, mit etwas Butter begießen und für 4 min. in den Ofen schieben. Mit Sumach
bestreut servieren.

Lahmacun

Einen Hefeteig vorbereiten. Dafür 1 Teelöffel Trockenhefe
mit 1 Prise Zucker und 50 ml lauwarmem Wasser verrühren.
350 g Mehl in eine Schüssel sieben, eine Kuhle eindrücken
und die Hefemischung zusammen mit 100 ml Wasser und
1 Schuß Olivenöl zugeben und alles zu einem geschmeidigen

Teig verkneten. Eine Kugel formen und zugedeckt an einem warmen Ort gehen lassen, bis sich der Teig in seinem Volumen verdoppelt hat. In 4 Teile zerpflücken und durchkneten. Noch einmal gehen lassen und anschließend Fladen ausrollen. Mit folgender Mischung dick einstreichen: 1 dicke feingehackte Zwiebel und 3 mit Salz zerdrückte Knoblauchzehen in 1 Eßlöffel Butter anbraten. 250 g Lammhack dazugeben und kurz angehen lassen. Mit Salz, milden Paprikaflocken, 1 Eßlöffel dunkler scharfer Paprikapaste, 1 Eßlöffel Tomatenmark und 1 gehackten, gehäuteten und entkernten Fleischtomate, Petersilie, Minze und 1 frischen grünen Peperoni (alles ebenfalls feingeschnitten) vermischen. Die Fladen dünn ausrollen, die Mischung darauf verteilen und 10 min. in den 190° heißen Ofen schieben. Mit feinen roten Zwiebelringen, Sumach, Paprikaflocken und Petersilienblättern bestreuen und mit etwas Zitronensaft beträufeln.

SENF

Senf ist ein schon vor der Antike gebrauchtes Gewürz. Der weiße Senf (Sinapis alba) gehört zur Gattung der Kreuzblütler wie auch Kresse, Rettich und Meerrettich. Man kann die jungen Triebe als Salat essen oder ein Gemüse daraus bereiten. Die Samen enthalten das Sinalbin-Senföl. Man kann die ganzen Samen als Würze verwenden, z. B. beim Einlegen von Gurken und anderem Sauergemüse, zum Schweinebraten oder im Sauerbratengewürz. Mit Most oder Wein bzw. Weinessig verrührt, entsteht aus gemahlenen Senfkörnern Mostrich oder Tafelsenf. Botanisch zu den Kohlpflanzen

gehören der schwarze Senf (Brassica nigra) und der braune
Senf (Brassica juncea). Das in den Samen von schwarzem
und braunem Senf enthaltene Senföl ist stärker und schärfer
als das des weißen Senfs. Gemahlen, gesiebt oder ungesiebt
werden schwarzer und brauner Senf vor allem zu Dijonsenf
verarbeitet. In Indien werden die ganzen Senfkörner angeröstet verwendet und in Currymischungen gebraucht. In
China und Amerika wird Senfkohl als Gemüse angebaut.
Bei uns wird in der Tafelsenfherstellung weißer und schwarzer Senf auch gemischt eingesetzt. Die aufgebrochenen oder
feingemahlenen Samen werden kalt mit Wein, Most oder
Essig angerührt. Nur dann entwickeln ätherische Öle ihre
Wirkung, denn in Gegenwart von kaltem Wasser spaltet sich
das Allylsenföl ab. Dieses hat einen starken, zu Tränen rei-
zenden Geruch. Senf hat eine antibakterielle, antibiotische
und appetitanregende Wirkung. Senf wirkt auch stark kon-
servierend, verhindert Schimmelbildung und wird deshalb
wie der Meerrettich, der ebenfalls Senföl enthält, zum Einlegen verwendet. Senf wird in verschiedenen Schärfegraden
und in vielen aromatisierten Mischungen abgeboten wie beispielsweise Estragonsenf, Rotweinsenf, Meerrettichsenf, Pfef-
fer- oder Zitronensenf.

Quitten-Mostarda

Senffrüchte sind eine besondere Spezialität in Norditalien.
Für die Senffrüchte aus Cremona werden Früchte in einer
starken Zuckerlösung mit Senf gekocht und in Gläser gefüllt.
Für Quitten-Mostarda je 4 Eßlöffel schwarze und gelbe
Senfkörner im Mörser zerstoßen, 1 dl kaltes Wasser dazurühren und 2-3 Std. stehenlassen. 1 kg Quitten mit 1 kg

Zucker, 3 dl Weißwein und 1 dl Essig sowie 1 Zimtstange und einigen Stücken geschältem Meerrettich weich kochen. Den Sud durch ein Sieb in einen Topf gießen und zu einem Sirup einkochen. Die Quitten durch die Flotte Lotte drehen. Mit dem Sirup und dem Senf vermischen und gut durchrühren. 20 g Gelierfix dazugeben, noch mal aufkochen lassen und in sterile Gläser füllen.Das paßt zum gekochten Siedfleisch wie zu einem Bollito misto oder zu Käse.

Frankfurter Senf nach einem alten Rezept
220 g weißen Senf, 250 g schwarzen Senf mahlen und mit 125 g feinem Zucker, 15 g zerstoßenen Nelken und 30 g gemahlenem Piment vermischen. Mit halb Weinessig, halb Weißwein glatt verrühren.

Senfsauce, kalt
5 hartgekochte Eidotter durch ein Sieb streichen. Mit 3 Eßlöffeln Löwensenf und 2 Eßlöffeln Mayonnaise, 2 Eßlöffeln Öl, 3 Eßlöffeln Essig, 2 Sardellen, 2 Cornichons, etwas Estragon, Schnittlauch und Petersilie (alles ganz feingehackt) verrühren.
Paßt zu kaltem Braten, Fisch oder harten Eiern.

Zander auf Linsen mit Champagner-Senf-Butter
Pro Person 1 Zanderfilet von 200 g salzen und pfeffern. In heißem Öl auf der Hautseite scharf anbraten. Hitze reduzieren, 1 Eßlöffel Butter zugeben und die Filets wenden. 6 min. in den 180° heißen Ofen schieben. Gekochte grüne Linsen mit feingewürfeltem blanchierten Suppengrün vermischen und in einer Kasserolle in aufgeschäumter Butter erhitzen. 2 Schalotten fein hacken. In einem Edelstahltöpfchen mit

1 Schuß Champagner weich kochen. 1 dl Sahne zugeben und aufkochen. 2 Eßlöffel Butter mit dem Mixstab einschlagen, dann 3 Eßlöffel Moutarde Pommery einschlagen und mit 100 g kalten Butterflocken und 1 Schuß Champagner aufmixen. Die Filets auf das Linsengemüse setzen und mit der Senfsauce umgießen. Mit Dampfkartoffeln servieren.

Beuschel natur nach Buchinger

Nördlich von Wien im »Gasthaus zur Schule« überraschte mich der Koch Manfred Buchinger mit einem schlichten Beuschel, Lüngerl heißt das bei uns. Die spezielle Würze waren ganze Senfkörner, weiße und schwarze. 1 Kalbsherz und 1 Kalbslunge in einer Fleischbrühe mit 1 Suppengrün, 1 Zwiebel und 1 Schuß Essig weich kochen. Von Herz und Lunge die Sehnen und dicken Gefäße ausschneiden. Beides in feine Streifen schneiden. Den Kochfond mit je 3 Eßlöffeln weißen und schwarzen Senfkörnern etwas einkochen und die Streifen darin erhitzen.
Mit Semmelknödel und mit Schnittlauch bestreut servieren. Bei jedem Bissen wird die würzende Wirkung der Senfkörner stärker.

Entrecôte dijonnaise

Pro Person 1 Entrecôte von 250 g salzen, pfeffern und gut auf beiden Seiten mit feinem Dijonsenf einstreichen. Butterschmalz in einer Pfanne erhitzen und das Fleisch von beiden Seiten kräftig anbraten. Das Fleisch herausheben und auf einer Platte im Ofen bei 120° warm stellen. 3 weiße Zwiebeln in feine Ringe schneiden und mit etwas Mehl bestäubt in derselben Pfanne andünsten. 3 Eßlöffel Senf dazugeben, salzen, pfeffern, 1 Eßlöffel gehackte Petersilie einstreuen und mit 1 Glas Rotwein den Bratensatz ablöschen. Köcheln, bis die Zwiebeln weich sind. Das Fleisch mit den Zwiebeln belegt servieren.

LORBEER

Der Lorbeer (Laurus nobilis) ist ein immergrüner Strauch, im Süden oft ein Baum, dessen Blätter frisch und getrocknet ein kräftiges Gewürz sind. Bei frischem Lorbeer ist das Aroma kräftiger, leicht bitter, getrocknet ohne jede Bitterkeit. In fast jede Suppe und fast jeden Fond gehört ein Lorbeerblatt. Zusammen mit 1 Thymianzweig und 1 Petersilienstengel gehört er als Bouquet garni an jeden Braten, in jeden Fond. Lorbeer hilft, Fett zu entziehen und leichter zu verdauen. Bei den Griechen und Römern kränzte ein Lorbeerkranz die Sieger bei Wettkämpfen. Der Lorbeer war dem Gott Apollo geweiht. In den Mittelmeerländern wild wachsend, kann er als Baum über 10 Meter hoch werden.

Aal mit Lorbeer

Junge Aale häuten und in 5 cm lange Stücke schneiden. Die Stücke einsalzen und abwechselnd mit frischen Lorbeerblättern auf Spieße stecken. In der Pfanne oder besser auf Holzkohlenglut knusprig ausbraten, pfeffern und vor dem Servieren mit etwas Salbei und Zitronensaft würzen.

Haben Sie einen zu fetten Aal, ein Tip von Alfred Walterspiel: Die Aalstücke vorher 2 min. in Salzwasser mit 1 Schuß Essig, ein paar Lorbeerblättern und etwas Suppengrün blanchieren. Das entzieht dem Aal kräftig Fett.

Dorade mit Lorbeerblättern

1 Dorade ausnehmen und schuppen. Je 3 tiefe Schnitte auf jeder Seite in den Rücken machen und je 1 Lorbeerblatt einschieben. Salzen und pfeffern, in eine mit Olivenöl begossene Pfanne legen und für 20 min. in den Ofen schieben. Mit Zitronen- und Orangensaft beträufeln und servieren.

Spezzatino mit jungem Lorbeer
nach Teo Löffler

Teo lebt in Panzano in der Toskana. Bei Dario Cecchini, dem großen Metzger, haben wir uns kennengelernt. Teo produziert das beste Olivenöl der Toskana und ist Koch aus Leidenschaft mit der perfektesten Küche, die ich je kennengelernt habe. Natürlich stehen in seinem Garten mehrere Lorbeerbäume. Teo überraschte mich mit einem Spezzatino vom Pesciolino agrodolce (sauersüß). Das Fleisch ist ein kleiner Muskel aus der Rinderkeule, der wie ein kleiner Fisch geformt ist. Es geht auch mit Fleisch aus der Wade.

1 1/2 kg Rindfleisch in Würfel schneiden und einige Stunden zusammen mit einigen gerade ausgetriebenen frischen Lorbeerblättern und jungen Rosmarintrieben, 2 gehackten Zwiebeln, Karotten und etwas Stangensellerie in Rotwein marinieren. Die Marinade durch ein Sieb in einen Topf gießen und zum Aufkochen bringen. Das marinierte Fleisch, Gemüse und Aromaten dazugeben und zugedeckt bei kleiner Hitze ca. 2 Std. köcheln lassen. In der letzten 1/2 Std. 150 g Pain d'épices (Saucenlebkuchen) und 30 g Bitterschokolade zugeben. Der besondere Pfiff dieses Gerichts kommt durch die jungen Lorbeerblätter. Diese verkochen und helfen, die Sauce zu binden. Wenn Sie kein Lorbeerbäumchen zu Hause haben, behelfen Sie sich mit 4 frischen Lorbeerblättern.

Feigen mit Lorbeer

2 Teelöffel schwarzen Tee mit 3 dl kochendem Wasser aufgießen und 4 min. ziehen lassen. Den Tee abgießen und 12 getrocknete Feigen darin 8 Std. einweichen. Die Feigen in eine Backform setzen und je 1 Lorbeerblatt zwischen die Feigen geben. Den verbliebenen Tee mit 3 Eßlöffeln Honig aufkochen und über die Feigen gießen. Mit gehackten Walnüssen und Pistazien bestreuen. Für 20 min. in den 160° heißen Ofen schieben und die Feigen mehrmals mit dem Kochfond übergießen. Heiß oder kalt mit einem Zimt- oder Vanilleeis servieren.

WACHOLDER

Der Wacholder (Juniperus communis) ist ein strauchförmiges Zypressengewächs aus dem Mittelmeerraum, das in Mitteleuropa drei Meter, im Süden sogar bis zu 12 Meter hoch werden kann. Die erbsengroßen, dunkelblauen Beerenzapfen des immergrünen Wacholderstrauches (in Deutschland auch Machandel oder Kranawitt genannt) brauchen zwei Jahre bis zur Reife. Sie spielen seit Urzeiten eine Rolle in der Gewürz-, Zauber- und Heilkunde und werden außerdem zur Schnapsgewinnung verwendet. Die süßlich-würzigen und harzig-bitteren Wacholderbeeren, angeboten in getrockneter Form oder als Sirup, sind ein wichtiges Gewürz in der mitteleuropäischen Küche. Sie machen Sauerkraut und Kohlgerichte bekömmlicher und eignen sich außerdem besonders für Wild- und Fleischgerichte in Saucen. Bei Saucen sollte man die Beeren unbedingt mitkochen, in anderen Gerichten empfiehlt es sich, sie vorher im Mörser anzuquetschen.

Sauerkraut, elsässisch

Für ein Choucroute à l'ancienne unserer Elsässer Nachbarn legen Sie einen großen Gußbräter mit Speckschwarten aus und breiten die Hälfte des gewaschenen Krauts darauf aus. 2 Zwiebeln und 2 Karotten (beides kleingeschnitten) darübergeben, ein Leinensäckchen mit einigen Wacholderbeeren, Lorbeerblätter und Pfefferkörner, etwas Kümmel und Thymian und 2 Knoblauchzehen ebenfalls dazugeben. Frischen und geräucherten Speck, 1 Eisbein, 1 Stück Schiffala (Kasseler) und das restliche Sauerkraut daraufschichten und mit 1 Flasche Riesling aufgießen. Mit dem Deckel gut verschließen und für 2 Std. in den 180° heißen Ofen stellen. Den Bräter herausnehmen und Knackwürste aus Straßburg und geräucherte Würste aus Montbéliard darauflegen und weitere 20 min. garen.

Dieses Gericht eroberte mit dem Elsässer Bier und dem Riesling die Brasserien von Paris. Und nach einem großen Plateau Austern und anderen Fruits de Mer verspeist man gern ein Choucroute.

Sauerkraut, fränkisch

Mein Sauerkraut bereite ich so:
2 Zwiebeln und 2 Äpfel schälen und in feine Würfel schneiden. In einem Topf in 1 Eßlöffel Gänseschmalz anbraten. 700 g Sauerkraut dazugeben und mit anschwitzen. 1 Stück Schwarte vom Selchfleisch, 1 zerdrückte Knoblauchzehe, 3 Wacholderbeeren, ein paar gemahlene Pfefferkörner und 1 Teelöffel gemahlenen Kümmel sowie 2 Lorbeerblätter als Würze dazugeben. Mit 1 Glas Riesling ablöschen. 1 Schöpfkelle Fleischbrühe und 2 dl Apfelsaft aufgießen und zugedeckt etwa 60 min. garen lassen. 1 kleine Kartoffel schälen

und dazureiben. Noch 20 min. köcheln lassen. Mit etwas Zucker, Salz und Wein abschmecken. Mit fränkischen Bratwürsten, gebratenen Blut- und Leberwürsten, einigen Scheiben Kasseler, Bauchfleisch oder Selchfleisch, auf dem Kraut mitgegart, oder gekochten Frankfurter oder Regensburger Würstchen ein richtiger Winterschmaus.
Dazu Riesling oder auch Bier reichen.

Hirschbraten in Wacholderrahm

1 Nuß aus der Hirschkeule mit 4 Speckstreifen spicken. Salzen, pfeffern und mit 2 trockenen Lorbeerblättern und 5 zerdrückten Wacholderbeeren einreiben. 3 Scheiben Dörrfleisch in 1 Eßlöffel Öl braten und herausnehmen. Den Hirschbraten rundum anbraten. 2 gehackte Zwiebeln, 2 Suppengrün, bestehend aus Lauch, Karotten und Sellerie, 3 Lorbeerblätter, 4 Wacholderbeeren, 2 Nelken und 3 Eßlöffel Tomatenmark dazugeben und mit 1 Glas Weinbrand und 1/2 l Wasser ablöschen. Zugedeckt im Ofen 90 min. schmoren. Den Braten herausheben. Den Bratensatz mit 3 dl Sahne aufkochen und durch ein Sieb gießen. Mit Salz, Pfeffer, 3 zerdrückten Wacholderbeeren und 3 cl Gin abschmecken. Den Braten aufschneiden und in der Sauce warm halten.
Mit Semmel- oder Kartoffelknödeln servieren.

GEWÜRZMISCHUNGEN

Curry · Five Spices · Lebkuchengewürz

Quatre Epices · Ras el Hanut · Harissa

Baharat · Zahtar

CURRY, eine Gewürzmischung Indiens

Der Name Curry bezeichnet bei uns eine Gewürzmischung, ein meist gelbes Pulver und ist eigentlich eine der vielen indischen Gewürzmischungen (Masala). Jedes Masala ist – je nachdem ob Fleisch, Fisch oder Gemüse zubereitet wird – in der Gewürzzusammensetzung verschieden. Die wichtigsten Bestandteile sind Koriander, Kreuzkümmel, Zimt, Nelken und Kardamom. Hinzu kommen Schwarzkümmel und vor allem Gelbwurz, manchmal Safran als Färbemittel, Chili, Ingwer und Knoblauch als Würzmittel. Als frische Kräuter werden oft noch Bockshornklee, Koriandergrün, Minze, Zimt- oder Curryblätter, die vom Paternosterbaum stammen, den sogenannten Currys (mit Masalas gewürzte Gerichte) zugefügt. Zur Bindung werden Zwiebeln, Joghurt, Sahne oder Kokosmilch benutzt. In Indien werden auch Nüsse oder Hülsenfrüchte für die Bindung genommen. Joghurt bindet und säuert. In Südindien und Ostasien werden Tamarinde, Limetten und unreife Mangos zum Säuern benutzt. Nun werden die wenigsten Hobbyköche ihre eigene Würzmischung erst in einer Eisenpfanne anrösten, dann mühsam auf einem Mahlstein ihr Masala herstellen oder im Mörser noch Krabbenpaste und frische Kräuter zu einer Thai-Currypaste schlagen. In guten Gewürzhandlungen, indischen oder thailändischen Geschäften finden sie heute frische Masalas oder Currypasten. Beim klassischen Currypulver sollten Sie luftdicht und dunkel in Dosen verpacktes Madrascurry wählen. Ist die Dose geöffnet, müssen Sie es rasch verbrauchen. Es duftet sonst aus. Natürlich bekommen Sie in einem indischen oder thailändischen Restaurant ein gutes Currygericht. Berühmt ist die große Parade indischer und malayischer Currys im Tiffin Room des Raffles

Hotels in Singapur. Mutige bereiten ihre Currys selbst. Ob Curry, Masala oder Paste, zunächst werden Zwiebeln, Knoblauch und Chili in Fett angeschwitzt, dann Pulver oder Paste mit angebraten.

Mulligatawny-Suppe

Für die anglo-indische Mulligatawny-Suppe gibt es viele Rezepte. Hier meine etwas vereinfachte Variante:
1 kg Hühnerklein in kleine Stücke hacken und in Öl anrösten. 8 Nelken, 1 Zimtstange und 6 Kardamomkapseln mit anrösten. 60 g frischen Ingwer, 100 g Schalotten, 2 Stangen Zitronengras, 2 grüne Chilis, je 1 Teelöffel Kreuzkümmel, Koriander, Fenchel und schwarzen Pfeffer (alles zermahlen) zugeben. Mit 3 Eßlöffeln Madrascurry, Zitronensaft und Salz würzen und mit 2 l Wasser aufgießen. 90 min. kochen und durch ein Sieb geben. 2 Hühnerbrüste in dieser Brühe gar kochen und herausnehmen. 50 g Cashewnüsse, 50 g Joghurt und 100 g gekochten Reis mit etwas Brühe aufmixen und die Suppe damit binden. Mit frischem Koriander und Zitronenspalten garnieren.

Fisch-Curry

Auf den südostindischen Märkten ist Fischkopf-Curry eine besondere Delikatesse.
Wir nehmen 1 Snapperfilet oder 1 ganze Dorade. In einer großen Pfanne mit Deckel zunächst 3 Zwiebeln, 5 Knoblauchzehen, 1 daumengroßes Stück Ingwer und 3 rote Chilis (alles feingehackt) in Öl anbraten. 2 Eßlöffel rote Currypaste aus dem Thaigeschäft und 4 gewürfelte Tomaten dazugeben. Mit 2 dl Fischfond und 2 dl ungesüßter Kokosmilch aufgießen. Das Filet oder die ganze Dorade hineinlegen, Deckel

daraufsetzen und bei schwacher Hitze 8-10 min. köcheln lassen.

Lamm-Curry

Aus der nordindischen Mogul-Küche kommt die Tradition, Fleisch zunächst in Joghurt und Gewürzen über Nacht zu marinieren und es dann zuzubereiten.

Für ein Lammcurry 1 Schulter oder Keule entbeinen und das Fleisch in Würfel schneiden. Salzen, mit einem Garam Masala oder Madrascurry einreiben, 5 Knoblauchzehen und 1 Bund frischen Koriander hacken und mit dem Fleisch vermengen. 1 l Naturjoghurt darübergießen und zugedeckt über Nacht in den Kühlschrank stellen. In einem Gußtopf 3 große Zwiebeln in Stücken in Butterschmalz anschwitzen. 2 Eßlöffel Currypulver, die abgetropften Fleischstücke und 3 gewürfelte Fleischtomaten hinzufügen, mit der Marinade auffüllen und auf kleinem Feuer 90 min. köcheln lassen. Öfter umrühren, damit es nicht ansetzt.

Zum Curry serviert man Reis, am besten einen duftigen Basmatireis. Im nördlichen Indien reicht man Brot, Nan, oder aus Linsenmehl hergestellte Papadam-Fladen, Gemüse-Currys, Chutneys und Raitas.

Blumenkohl-Curry mit Zwiebelsalat

Für ein Blumenkohl-Curry den Kohl in kleine Röschen zerteilen und waschen. 4 Eßlöffel Öl in einer tiefen Pfanne erhitzen. 1 Teelöffel Kreuzkümmel, 2 Eßlöffel geriebenen frischen Ingwer, 1 Prise Chilipulver erhitzen, die Röschen dazugeben, salzen und mit 2 Eßlöffeln Currypulver bestreuen. Bei schwacher Hitze trocken braten. Dazu einen einfachen Zwiebelsalat servieren:

2 Gemüsezwiebeln schälen und in feine Ringe schneiden. Mit 1 Teelöffel Salz bestreuen und 5 min. stehenlassen. Dann durchrühren, die Flüssigkeit ausdrücken und abgießen. Mit etwas Masalapulver (Garam Masala), 1 gehackten grünen Chili, etwas geröstetem Kreuzkümmel, Zitronensaft und Koriandergrün vermischen.

Stilecht gehören noch ein Schälchen Limonen-Pickles und Mango-Chutney zur Curry-Tafel (gibt es fertig im Gewürzladen).

Mango-Chutney

Für ein eigenes Chutney 3 Pfund nicht zu reife Mangos schälen, würfeln und leicht einsalzen. 300 g braunen Zucker mit 600 ml Reisessig, 6 Nelken, 10 Pimentkörnern und 1 Prise Muskatnuß 20 min. bei kleiner Hitze aufkochen. Je 1 Eßlöffel gehackte Zwiebeln, frischen Ingwer, Knoblauch, Rosinen und rote Chilis 10 min. garen. Die Hälfte der Mangostücke dazugeben und sanft 20 min. simmern lassen. Dann die restlichen Mango dazurühren und nur kurz aufkochen lassen.

Bei den Thai-Currys werden vor allem die gelben, roten und grünen Currypasten zusammen mit Fischsauce und Krabbenpaste als Würzmischungen verwendet. Auf den Märkten werden die Pasten bereits angerührt verkauft. Bei uns gibt es in Thaigeschäften und gut sortierten Gewürzläden diese Pasten fertig im Angebot. Gelbe Currypaste besteht meist aus getrockneten roten Chilis, Korianderwurzel, Zitronengras, Ingwer, Galgant, Kreuzkümmel und Kurkuma. Diese Gewürze werden mit Schalotten und Knoblauch zu einer Paste zerstampft. Grüne Currypaste wird aus frischen grünen Chilis, Galgant, Zitronengras, Koriandergrün mit Wurzel, Korianderkörnern, Kaffir-Limettenschale und -blättern, Knoblauch, Schalotten und Garnelenpaste gemixt. Die rote Currypaste enthält rote Chilis, nur Koriandersamen, Kümmel, rote Thaizwiebeln, Galgant, Ingwer, Limettenschale, Zitronengras, Knoblauch und Garnelenpaste.

Huhn in Kokosmilch

1 große Zwiebel schälen und halbieren. 2 Karotten schälen und in Streifen schneiden. 2 Hühnerbrüste ohne Haut klein schnetzeln. Öl im Wok erhitzen und die Hühnerbrüste mit dem Gemüse anbraten. Gehackte Cashewnüsse dazugeben. 1 Eßlöffel gelbe Currypaste mit anbraten. 2 Eßlöffel Fischsauce, 1/2 l Kokosmilch (ungesüßt aus der Dose) dazugeben und aufkochen. Mit Salz, Zucker und roter Currypaste abschmecken.

Grünes Gemüse–Curry

Je 80 g grüne Bohnen, grüne Spargel, Zuckerschoten, Champignons, Shitakepilze, Frühlingszwiebel, junge Möhren, kleine frische Maiskölbchen, frische Bambussprossen in Streifen, Sojabohnen und -sprossen. Das Gemüse wie gewohnt putzen und schneiden. 2 Eßlöffel grüne Currypaste in 1 Eßlöffel Öl im Wok anbraten. Das Gemüse dazugeben, durchrühren und 2 Eßlöffel Sesamöl zugeben. Einen weiteren Eßlöffel Currypaste und 1/2 l Kokosmilch aus der Dose hinzufügen. Mit feingeschnittenen Limetten-Blättern und gezupftem Thai-Basilikum, dem Saft von 2 Limetten, Zukker, Salz, frischem Koriander und frischen grünen Pfefferkörnern abschmecken.

Garnelen, scharf

Pro Person 2 mittelgroße King-Prawns in heißem Öl im Wok mit je 1 Teelöffel gehacktem Knoblauch und gehackten roten Chilis schnell anbraten. 1 Teelöffel rote Currypaste, je 1 Eßlöffel Kokosflocken und frische Ananas in Stücken dazurühren. Mit etwas Fischsauce, Kokosmilch und Tamarindensaft ablöschen und abschmecken.

Zu allen Thai-Currys paßt Duftreis.

FIVE SPICES (Fünfgewürzpulver), eine chinesische Gewürzmischung

Five Spices (Fünfgewürze-Mischung) ist eine alte Chinesische Gewürzzusammenstellung, auch als Fünf Düfte bekannt. Für einen Gewürzsud werden oft die ganzen Gewürze verwendet. Meist ist die Mischung jedoch als gemahlenes Pulver im Handel. Die klassischen fünf Gewürze sind Szechuanpfeffer, Zimt bzw. Kassia, Nelken, Fenchel und Sternanis. Diese fünf Gewürze entsprechen den chinesischen fünf Elementen und sollen von mild bis scharf alle Aromen harmonisch vereinen. Oft wird der Mischung noch getrocknete Mandarinenschale zugefügt. Bei anderen Köchen ist im Fünfgewürzpulver Süßholz enthalten. Das indische Fünfgewürzpulver enthält völlig andere Gewürze. Es besteht aus Kreuzkümmel, Anis, Schwarzkümmel, Bockshornklee und schwarzen Senfkörnern.

Süße Schweinerippchen

Schweine-Schälrippchen in mundgerechte Stücke hacken.
Mit Fünfgewürzpulver einreiben und in Mehl wälzen. In
4 Eßlöffeln süßer Sojasauce marinieren und in Öl fritieren.
Herausheben und abtropfen. In einem Wok die Rippchen
mit 1 Sternanis, 2 Eßlöffeln Tomatenketchup und 3 Eßlöffeln Wasser 5 min. kochen lassen. Salzen und mit dunklem
Shanghaiessig und Zucker abschmecken.

Knusprige Garnelen

Garnelenschwänze schälen, den Darm entfernen und in
Kartoffelmehl wenden. In Reiswein mit 1 Stück geriebenem
Ingwer 20 min. bis 2 Std. marinieren. In rauchend heißem
Öl 3 min. fritieren. Herausheben und gut abtropfen lassen.
Erneut 1 min. ins Öl geben. Wieder abtropfen lassen. Salz,
etwas Zucker und Fünfgewürzpulver vermischen. In einem
Wok 1 Eßlöffel Öl erhitzen, die Garnelen dazugeben und
mit den Gewürzen bestreuen. Gut durchrühren und mit fri-
schen Frühlingszwiebeln, Ingwerstreifchen und frischen Ko-
rianderblättern servieren.

Hühnerfleisch mit Shitake-, Wolkenohrpilzen
und Zuckerschoten

50 g getrocknete Wolkenohrpilze 2 Std. in lauwarmem Wasser einweichen. Abgießen, ausdrücken und putzen, das heißt
die sandigen Ansätze abschneiden. 100 g Shitakepilze putzen, die harten Stiele abschneiden und die Pilze in Streifen
zerteilen. 2 Hühnerbrüste in Streifen schneiden und in eine
Marinade einlegen, bestehend aus: Fünfgewürzpulver mit
Mandarinenschale, 2 zerdrückten Knoblauchzehen und etwas Ingwer sowie Kartoffelstärke, in 1 Tasse Reiswein aufge-

löst, und 1 Eßlöffel Sojasauce. 150 g Zuckerschoten putzen.
1 weiße Zwiebel halbieren und in Streifen schneiden. 2 Eßlöffel Öl in einem Wok erhitzen. Das Hühnerfleisch kurz
unter kräftigem Rühren scharf anbraten und herausnehmen.
Nochmals etwas Öl und einige Tropfen Sesamöl zugeben.
Zuerst die Pilze, dann die Zwiebeln anbraten. Die Zuckerschoten zugeben und Fleisch und Marinade noch einmal
2 min. unter Durchrühren mitbraten.

Europäische Gewürzmischungen:
LEBKUCHENGEWÜRZ, QUATRE EPICES

Auch die westliche Küchentradition kennt Gewürzmischungen. So waren im Mittelalter und in der Renaissance, als bei
uns kräftig gewürzt wurde, verschiedene Mischungen oft das
besondere Geheimnis der Zunft. Die Lebzelter hüteten ihre
Lebkuchenwürze. Die Pastetenbäcker, Saucenköche, Bäcker
und selbst Metzger hatten (besonders für ihre Würste) ihre
speziellen Mischungen. Kümmel, Fenchel, Koriander und
Anis streuen Bäcker in Franken noch heute auf das Brot. In
Lebkuchenmischungen sind Zimt, Nelken, Koriander, Kardamom, Muskat, Ingwer und manchmal Piment enthalten.
Das gleiche gilt für die Aachener Printen. Lebkuchen-Ge-
würzmischungen mischt man unter so manche Bratensauce.
In Franken gibt es Saucenlebkuchen ohne Zuckerguß, unverzichtbar für den fränkischen Sauerbraten. Im Rheinland
dickt man den dortigen Sauerbraten mit Printenbröseln an
und gibt Rosinen dazu.
Quatre Epices ist in der klassischen französischen Küche aus

der Zeit der großen Überwürzung als Gewürzmischung übriggeblieben. Die sogenannten Reformer wie Carême hatten ihre Würzmischungen für Bouillons, Pasteten oder Schmorbraten aus der alten Zeit in die neue Küche eingeschmuggelt. Das Pastetengewürz Quatre Epices besteht aus Pfeffer, Muskat, Nelken und Ingwer. Carême soll noch Lorbeer und Zimt zugefügt haben. Andere Köche mischten noch Piment oder Muskatblüte darunter.

Gänseleber-Terrine auf alte Art

1 mittelgroße Stopfleber von ca. 600 g enthäuten, aufbrechen, die Blutgefäße entfernen und parieren. Die Gänseleber mit Salz, Pfeffer und Quatre-Epices-Pulver oder selbstgemahlenem Pastetengewürz aus Muskat, Nelken, Piment und Muskatblüte bestreuen. Mit 4 cl Portwein und 3 cl Armagnac übergießen und für 2 Std. in den Kühlschrank stellen. Je 200 g mageres Schweinefleisch, frisches Schweinefett und geputzte Geflügelleber durch die feinste Scheibe des Fleischwolfs drehen. Mit Salz, Pfeffer, Pastetengewürz, je 3 Eßlöffeln Armagnac, Port und Madeira würzen und 1 ganzes Ei darunterrühren. Eine Terrinenform mit dünnen grünen Speckscheiben auskleiden, 1/3 der Farce hineingeben. Die Gänseleber in Form drücken und so einlegen, daß sie den Kern der Pastete bildet. Seitlich mit etwas Farce ausfüttern und mit der restlichen Farce bedecken. Den überstehenden Speck darüberklappen. 3 Lorbeerblätter auflegen und mit dem Deckel verschließen. Form in ein Wasserbad setzen und bei 170° auf der mittleren Schiene ca. 100 min. garen. Abkühlen lassen und im Kühlschrank 1 Tag durchkühlen.

Mit einem Salat, Brioche und in Scheiben geschnittenem Süßweingelee servieren.

Fränkischer Sauerbraten

1 1/2 kg Rinderbraten aus der Schulter oder 1 falsches Filet parieren. 1 Stange Lauch, 1 Karotte, 1/4 Kopfsellerie, 2 Zwiebeln und 1 Petersilienwurzel in Stücke schneiden. 5 Lorbeerblätter, je 1 Eßlöffel schwarzen und weißen Pfeffer, Piment, Wacholderbeeren, je 1 Teelöffel Korianderkörner, Nelken, Senfkörner, Anis mit 1 Stück Muskatblüte und fein abgeschnittener Zitronenschale in ein Leinensäckchen einbinden. Das Fleisch mit dem Gemüse und den Gewürzen in eine Schüssel legen und mit einer Marinade aus 1/4 l Rotweinessig und etwa 1 1/2 l Wasser übergießen. Der Braten soll ganz in der Marinade liegen. Mit einem Teller abdecken und 2-3 Tage in den Kühlschrank stellen. Das Fleisch aus der Marinade nehmen. Mit einem Küchentuch gut abtrocknen und salzen. In einem Gußbräter 3 Eßlöffel Öl erhitzen, 1 Scheibe durchwachsenen Räucherspeck und 1 Schwarte zugeben und etwas auslassen. Dann den Braten rundum anbraten. Die Hälfte des Gemüses aus der Marinade nehmen und die gleiche Menge frisch geschnittenes Gemüse, das Leinensäckchen und 1/3 der Marinade sowie 1/2 l Rotwein zugeben. Das Fleisch zugedeckt bei 200° im Ofen 2 Std. schmoren. Dann 80 g Soßenlebkuchen einbröseln und 1/4 l Sahne über den Braten gießen. 20 min. weiterschmoren. Den Braten herausheben und das Leinensäckchen, Speck und Schwarte herausfischen. Den Schmorfond samt dem Gemüse mit dem Mixstab pürieren und sämig aufkochen. Den Braten aufschneiden und in der Sauce servieren.

Dazu gehören fränkische Klöße.

Karpfen schlesische Art

2 Karpfen von je 1 kg filetieren. Kiemen entfernen, Köpfe und Gräten in 1/2 l dunklem Bier mit 2 dl Wasser, 2 Zwiebeln, 2 Petersilienwurzeln, 1 Karotte, 3 Lorbeerblättern, je 1 Teelöffel Pfefferkörnern, Piment, Muskatblüte und 1 guten Prise Zucker und Salz 1/2 Std. kochen. Den Kochfond durch ein Sieb gießen. Soßenlebkuchen einbröseln. 2 dl Rotwein dazugeben und einkochen. Mit etwas Mehlbutter abbinden. Mit Salz, Zucker und Zitronensaft abschmecken und 1/2 Tasse eingeweichte Rosinen zugeben. In einer großen feuerfesten Form Wasser mit Salz, Pfefferkörnern, 2 Lorbeerblättern, 1 Zwiebel und 1 Zitrone in Scheiben, 1 Karotte und Petersilienstengeln 10 min. aufkochen. Die Karpfenfilets mit 4 Eßlöffeln heißem Essig begießen und in die Form legen. Hitze reduzieren und die Filets gar ziehen lassen. Herausheben und in der Sauce servieren.

Dazu passen Petersilienkartoffeln.

Maghrebinische und nahöstliche Gewürzmischungen: RAS EL HANUT

Ob man es als Kopf der Lebensmittel, Chef des Ladens oder schlicht als das Beste des Angebots richtig übersetzt, es handelt sich um die spezielle Gewürzmischung der Küche Nordafrikas. 27 Zutaten sollen es sein, sagen die einen. Es können aber auch hundert sein, wie der Händler vielleicht meint. Kurkuma, Ingwer, Kardamom, Zimt, Kümmel, Kreuzkümmel, Muskat, Muskatblüte, Pfeffer, Koriander sollten enthalten sein. Manche geben Chili, Paprika, Eschenbeeren, Rosenknospen, Mastix, Anis, Fenchel, Safran, Saflor, sogar Belladonna und spanische Fliege dazu. Jeder Händler hat sein eigenes Rezept, jeder Koch sein Geheimnis, und alle schwören auf die heilenden Kräfte ihrer Gewürzmischung. Hier ist die Gewürzkiste noch Apotheke.

Mein Ras el Hanut:
1 Teelöffel langen Pfeffer, 1 Teelöffel Guineapfeffer, 1 Teelöffel schwarzen Pfeffer, 2 Stück Muskatblüte, 1 Muskatnuß gerieben, 1 Stück getrocknete Ingwerwurzel, 1 Teelöffel gemahlenes Kurkuma, 1 Teelöffel Kardamomsamen, 1 Teelöffel Kreuzkümmel, 1 Teelöffel Korianderkörner, 1/2 Teelöffel Safranfäden und 2 Zimtstangen. Die Gewürze im Mörser oder in der Gewürzmühle mahlen.

Lamm Bastilla
(Rezept siehe Seite 28)

Kaninchen-Gemüse-Tagine

4 Kaninchenkeulen mit Salz, Pfeffer, gemahlenem Kreuzkümmel, Ingwer, Koriander, Muskatblüte, Zimt, Kardamomsamen und Kurkuma einreiben und in Olivenöl anbraten. 5 Knoblauchzehen, 2 Zwiebeln in Stücken, 4 Kartoffeln
geachtelt, 2 Zucchini, 1 Aubergine, 2 Gemüsepaprika, 2 Karotten (alles in mundgerechte Stücke geschnitten), 1 kleine
Dose gekochte Kichererbsen und 3 Tomaten mit den Keulen
in einen gewässerten Römertopf geben. Den Saft einer Zitrone, ein paar frische Korianderzweige, 1 Eßlöffel Harissa,
1 Glas Olivenöl, 1 Glas Wasser, Salz und Pfeffer dazugeben
und mit dem Deckel verschließen. Bei 160° im Backofen 70
min. garen. Im Tontopf servieren. Mit frischer Minze, Koriander und eingelegter Zitrone, grünen und schwarzen Oliven garnieren und Harissa mit etwas Schmorfond verrührt
zum Nachwürzen extra dazureichen.

HARISSA

Harissa ist eine Würzmischung bzw. Würzpaste und Beilage
zugleich. In Marokko gilt es mehr als Gewürz, in Tunesien
ist es eher Beilage. Es werden für Harissa Chilischoten,
Knoblauch, Kümmel, Kreuzkümmel, Koriander und Salz
mit etwas Olivenöl zu einer Paste zerstoßen, mit Tomatenpüree verlängert, manchmal auch mit Koriandergrün, Petersilie, gehackten Zwiebeln und reichlich Olivenöl angerichtet. Harissa gibt es bei uns fertig in Dosen und Tuben, die
dann mit 1 Teelöffel Tomatenpüree aus frischen Tomaten
und den anderen Zutaten wie oben beschrieben verlängert
werden können. Das reicht man zum klassischen Couscous.

Couscous

(Für 8 Personen)

Für den Couscous 500 g Weizengrieß (mittelgrob) in eine
große Schüssel geben, mit 1/2 l kaltem, gesalzenem Wasser
begießen, umrühren und 1 Std. quellen lassen, ab und zu
durchrühren.

2 große Zwiebeln, 1 kleinen Weißkohl, 250 g weiße Rübchen
geschält (alle Gemüse geviertelt), 400 g Möhren (geschält
und in 3 cm dicke Scheiben geschnitten) in einem Couscous-
topf mit Dämpfaufsatz zusammen mit 1 kg Lammschulter
und 1 kg Kalbsschulter (in Stücken) mit Wasser bedeckt aufsetzen. 150 g Kichererbsen, die über Nacht eingeweicht waren, 2 Teelöffel Ras el Hanut, 4 Knoblauchzehen, 1 Bund
Koriandergrün, 1 frische rote Chilischote (entkernt), 50 g
Butter, Salz und Pfeffer dazugeben und zum Kochen bringen. Jetzt den Grieß in den Siebaufsatz geben und auf den
Topf setzen. Der Dampf soll nur durch den Grieß entwei-
chen. Hitze reduzieren. Nach 15 min. das Sieb abnehmen
und den Grieß auf ein Tablett schütten. Mit einem Eßlöffel
ausbreiten und abkühlen lassen. Mit 1 dl kaltem Wasser beträufeln und mit den Händen den Grieß locker reiben.
15 min. ruhen lassen. Wieder in das Sieb über den Dampf
geben. Nach weiteren 15 min. die Prozedur wiederholen.
Jetzt, nach 1 Std. Kochzeit für Fleisch und Gemüse, 4 geviertelte Tomaten, 400 g Zucchini und 2 geschälte Auberginen
(Zucchini und Auberginen halbiert und in 3 cm dicke
Stücke geschnitten) in die Brühe geben. Sieb mit dem Grieß
wieder aufsetzen und ein drittes Mal 10 min. garen. Nochmals den Grieß zerkrümeln und mit je 1/2 Teelöffel Salz,
Pfeffer und Kurkuma bestreuen und mit der Gabel 80 g Butter in kleinen Stücken unter den Grieß ziehen. Ein weiteres

Mal kurz auf den Dampf setzen. Jetzt sollte der Couscous schön weich, locker und duftig sein. Den Grieß auf eine heiße Platte häufen und in die Mitte eine Mulde drücken. Das Fleisch hineinlegen. Das Gemüse um den Grieß herumlegen. Die Brühe getrennt in einer Schüssel reichen. Harissa in Schälchen extra dazu anbieten. Jeder nimmt sich Grieß, Fleisch und Gemüse, schöpft sich Brühe über den Couscous und würzt nach Geschmack mit Harissa.

BAHARAT

Baharat ist aus Pfeffer, Koriander, Anis, Nelken, Zimt, Muskat und Kardamom zusammengesetzt.
Vor allem in der syrischen Küche verwendet, heißt die Mischung auch Beahar- oder Aleppopfeffer.

ZAHTAR

Zahtar wird in Libanon, Syrien, Irak sowie der Türkei verwendet. Es ist eine aromatische Mischung aus Salz, Thymian, Bockshornklee und Paprika. Manchmal werden noch gerösteter Sesam, gehackte Nüsse, Kümmel, Korianderkörner, Zimt und Sumach dazugemischt.

KRÄUTER

Borretsch · Dill · Zitronenmelisse · Estragon

Schnittlauch · Liebstöckel und Pimpernelle

Petersilie · Kerbel · Kräutermischungen

Kräuter des Südens · Bohnenkraut · Rosmarin

Thymian · Salbei · Basilikum · Oregano · Majoran

Beifuß · Minze · Bärlauch · Zitronengras

»Wer ohne Kräuter kocht, kann sich gleich auf Wasser und Brot beschränken«, schrieb einmal Wolf Uecker. In der Frühlingszeit gedeihen auch in unseren Breiten schon Petersilie, Schnittlauch, Kerbel, Borretsch, Pimpernelle, Kresse, Sauerampfer – die Klassiker der Grünen Soße. Dazu Melisse, Minze, Liebstöckel, Dill und Estragon. Also eine große Auswahl frischer Frühlingskräuter für Ihre Küche, so daß Sie den ganzen getrockneten Kram im Müll entsorgen können. Frische Küchenkräuter sind nach dem Salz die wichtigste Würze unserer Nahrung. Selbst salzlose Diät läßt sich durch den Gebrauch vieler frischer Kräuter gut ertragen. Die grünen Frühlingskräuter kommen in vielen Regionen traditionell am Ende der Fastenzeit auf den Tisch. Am Gründonnerstag grüne Speisen und Eier. Das hat jüdische, christliche Wurzeln und geht auf alte Frühlings- und Fruchtbarkeitsriten zurück. Der Winter ist besiegt, neues Leben sprießt. Unsere Vorfahren verstanden es, von vielen dieser Kräuter bis in den Spätherbst Triebe zu ernten. Und gesund ist es auch, denn im Winter ernährten sie sich von eingemietetem Gemüse und konserviertem Fleisch. In der Hauptsaison wurden viele Kräuter getrocknet oder auf andere Weise haltbar gemacht. Der Pesto genovese ist ein gutes Beispiel, Aroma und Vitamine des frischen und empfindlichen Basilikums zu erhalten. Früher waren im Winter bis kurz vor Ostern frische Kräuter rar. Kamen die ersten Frühlingsboten auf den Markt, wurden Kräutersoßen bereitet. Ein Beispiel ist die berühmte Frankfurter Grüne Soße.

Frankfurter Grüne Soße

Goethes Leibgericht, wie gern behauptet wird, war sie wahrscheinlich nicht, denn in Frau Schlössers Kochbuch kommt sie nicht vor. Was allerdings nur sagt: In Patrizierhäusern war Armeleuteküche nicht in Mode. Verbürgt ist die Grüne Soße erst seit Mitte des vergangenen Jahrhunderts. Seitdem wird um das authentische Rezept gestritten. Hier das einzig richtige:

Sieben heilige Kräuter müssen hinein: Petersilie, Kerbel, Borretsch, Pimpernelle, Kresse, Schnittlauch und Sauerampfer. Aus und basta! Auf keinen Fall Dill, Estragon, Liebstöckel oder gar Basilikum hinzufügen. Diese Kräuter würden den Geschmack dominieren. Auch niemals Knoblauch, Zwiebel oder Gewürzgurke dazugeben. Ich kann es nicht verbieten. Aber nennen Sie diese Kräutersoße dann eben Offenbacher, Wiesbadener oder Darmstädter Kräutersoße.

Die Kräuter waschen, trocken schleudern und mit einem scharfen Messer ganz fein wiegen. Das Gelbe von 4 hartgekochten Eiern mit 1 Eßlöffel Senf zerdrücken und mit 1 dl Olivenöl oder besser Haselnußöl wie eine Mayonnaise aufschlagen. 3 dl Schmand, oder auch mehr, unterrühren. Die Kräuter dazugeben, durchrühren und mit Salz, Pfeffer und Zitronensaft abschmecken.

Kalorienbewußte können die Sahne notfalls (aber nur teilweise) durch Joghurt ersetzen. Manche geben auch noch das gehackte Eiweiß dazu. Ich mag es nicht, zumal wenn die Grüne Soße zu Eiern serviert wird. Aber früher war man sparsam. Am besten schmecken Pellkartoffeln zur Grünen Soße. Aber auch pochierter Fisch oder gekochtes Rindfleisch können dazu gereicht werden. Ich mag sie auch zum Spargel. Oder eine feine Variante zu:

Bœuf à la ficelle

1 schönes Stück Kalbs- oder Rinderfilet mit einem Küchen-
faden wie einen Rollbraten zusammenbinden und in einer
kräftig gewürzten Bouillon 2 min. kochen, dann 15 min. ziehen lassen. In Scheiben schneiden und mit Grüner Soße und
Frühlingsgemüse servieren.

Trenette mit Pesto Genovese

Von 2 großen Bund Basilikum die Blätter abzupfen, 1/2
Eßlöffel Salz, 4 Knoblauchzehen und 2 dl feines Olio extra
vergine, je 2 Eßlöffel Pecorino und Pinienkerne dazugeben.
Im Mörser oder mit dem Mixstab pürieren. Würzt gekochtes oder gebratenes Gemüse, Fisch, Fleisch und paßt als Soße
zu Gnocchi und Trenette. Die Trenette in Salzwasser al dente
kochen, abgießen und mit 1 Eßlöffel Kochfond und einigen
Stücken gekochter grüner Bohnen und Kartoffelwürfeln in
die Teller verteilen. 1 Eßlöffel Pesto in die Mitte setzen,
1 Stück Butter darauf und nach Belieben mit Parmesan bestreuen.

Salsa verde alla Genovese

2 Bund glatte Petersilie, 1 Bund Basilikum, 4 Knoblauchzehen, 5 Sardellenfilets, 50 g Pinienkerne, 2 Eßlöffel Kapern
mit etwas Salz und gemahlenem Pfeffer mit 4 dl Olivenöl im
Mörser oder Mixer pürieren.

Bagnèt vert, die Piemonteser grüne Sauce

2 Bund Petersilie, 4 Knoblauchzehen, 4 hartgekochte Eigelb,
4 Sardellenfilets, 2 Eßlöffel eingelegten Thunfisch, 2 Eßlöffel
Kapern und 150 g Weißbrotkrumen, die mit einem Schuß
Weißweinessig angefeuchtet wurden, mit 2 dl Olivenöl pürieren.

Beide grünen Saucen passen gut zu Bollito misto, gekochtem Fleisch, Zunge, Kalbskopf, Zampone wie auch zu gekochtem Fisch oder Stockfisch.

Mojo verde, die grüne Sauce der Kanaren

5 grüne spitze Paprika, die etwas Schärfe haben sollten (ersatzweise grüne Paprika und 1 Peperoni), 5 Knoblauchzehen, 1 Bund frischen Koriander und 1 Bund glatte Petersilie mit 3 dl Olivenöl, je 1 Teelöffel gemahlenen Kreuzkümmel und schwarzen Pfeffer mit Salz im Mörser fein stoßen und einige Stunden durchziehen lassen. Paßt zu Fisch, Fleisch und Kartoffeln.

Thailändische grüne Sauce

Je 1 Bund Minze, Koriander, Thai-Basilikum, ein paar Kurkumablätter, Curryblätter, je 1 Eßlöffel feinst gehacktes Zitronengras, Kaffir-Limonenblätter, grüne Thai-Chilis, abgeriebene Limonenschale, 5 Knoblauchzehen mit 3 Eßlöffeln Limonensaft, 3 Eßlöffeln Thai-Fischsauce und 2 dl Erdnußöl im Mixer pürieren.

Das paßt zu gegrillten Garnelen, gebratenem Tintenfisch, Fleisch- oder Hühnerspießen.

Frische Kräuter in der Küche sollten heute eine Selbstverständlichkeit sein. Bedenkt man jedoch, daß heute bei uns bereits 80 % der Nahrung aus Fertigprodukten besteht, beschränkt sich der Verbrauch von Kräutern auf die grünen Schnipsel in den Fertigsuppen, im Kräuterquark oder auf Küchenkräuter aus der Tiefkühltheke. Wenn Sie einmal in Italien Salat einkaufen, werden Sie feststellen, daß dort neben kultivierten Salaten und Kräutern sich oft noch wilde Verwandte in den Salatkörben finden. Ein solcher Salat ist gesund, nicht unsere Treibhausware, mit fertiger Kräuter-Vinaigrette angemacht.

Dabei steht uns heute ein großes Sortiment frischer Kräuter das ganze Jahr über zur Verfügung. Petersilie, Schnittlauch, Kerbel, Estragon, Majoran, Rosmarin, Thymian, Minze, Koriander finde ich fast ständig auf dem Markt. Im Frühling kommen Borretsch, Pimpernelle, Liebstöckel, Schnittknoblauch dazu, später Basilikum, Bohnenkraut und mehr.

Bereiten Sie einmal aus allen diesen Kräutern einen Frühlingssalat. Fügen Sie noch Lattichblätter, Portulak, jungen Spinat, Löwenzahntriebe und Gänseblümchen dazu, und Sie haben eine Vitaminbombe von gewaltigem Geschmack auf dem Teller.

BORRETSCH

Borretsch (Borago officinalis) kommt ursprünglich aus dem Mittelmeerraum. Borretsch legt ein guter Gemüsehändler zum Kopfsalat, die gute Köchin gibt ihn mit Dill zum Gurkensalat (er heißt schließlich auch Gurkenkraut) oder zieht ihn durch einen Ausbackteig und fritiert den Borretsch als kleinen Appetithappen vorweg.

DILL

Dill (Anethum gravolens) ist ein aus Vorderasien stammendes Doldengewächs. Dort werden das frische Kraut, die Dolden und Samen in der Küche verwendet. In Rußland, Polen und Skandinavien ist die Küche ohne frischen Dill kaum vorstellbar. Bei uns wird Dill als grünes Kraut, Dolden und Samen für Gurken und Sauerkonserven gebraucht. In Frankreich und Italien kennt man Dill fast nicht, während Griechen und Türken ihn reichlich in der Küche verwenden. Selbst in Indien ist Dill ein verbreitetes Gewürz und Kraut.

Pilze süß-sauer eingelegt auf polnische Art

Pilze gut putzen und in kochendem, leicht gesalzenem Wasser 15 min. pochieren. 1 ganze Zwiebel mitkochen, aber anschließend entfernen. Wasser abgießen, Pilze in ein Einmachglas legen und mit einem Sud aus 2 dl Essig, 2 dl Wasser, 50 g Zucker, einigen Lorbeerblättern, ganzem Piment und Pfefferkörnern, 6 Dill-Blütenständen mit Samen und einigen frischen Dillstengeln übergießen. Die Gläser schließen und in einen Topf auf ein Tuch setzen. Kochendes Wasser zugießen, bis die Gläser zu 3/4 im Wasser stehen, und 15 min. kochen.

Die eingelegten Pilze schmecken nach einigen Wochen zur Brotzeit oder zum Wodka.

Salblings-, Lachs- oder Forellenfilet, mariniert in Dill

Zwei Teile Salz, je ein Teil Zucker und groben Pfeffer mit drei Teilen gehacktem Dill und etwas abgeriebener Zitronenschale auf die Filets geben. In Frischhaltefolie wickeln und mit einem Gewicht beschwert 12 Std. im Kühlschrank durchziehen lassen. Abwaschen und aufgeschnitten mit einer Dillcreme und Kartoffelpuffern servieren.

Salat von Lachs und Gurke

So wird Lachs schnell gebeizt, und es entsteht ein delikater Sommersalat: Lachsfilet in 1 cm starke Würfel schneiden. Mit Meersalz, Zucker, gemahlenem Pfeffer und Koriander bestreuen. Gurken schälen, entkernen und ebenfalls in 1 cm starke Würfel schneiden. 2 Bündchen Dill abzupfen und fein hacken. Alles mit den Lachswürfeln vermischen. 3 cl Pernod angießen und 1 Std. im Kühlschrank durchziehen lassen. Gut gekühlt servieren.

Gurkensuppe, kalt

Aus Gurken läßt sich schnell ein erfrischendes kaltes Süppchen zaubern.

Geschälte Gartengurken entkernen. Einen Teil des Fruchtfleisches in kleine Würfel schneiden. Den anderen Teil mit Joghurt, etwas entfetteter Hühnerbrühe, Salz, Pfeffer, Dill und 1 Schuß Pastis gut mixen. Mit Gurkenwürfeln, saurer Sahne und gezupftem Dill servieren.

Wollen Sie verwöhnte Gäste überraschen, reichen Sie ihnen mein **St. Petersburger Süppchen**:
In eine Tasse zuunterst 1 Eßlöffel Kaviar, dann kleine Würfel von rohem Lachs und Räucherlachs und darüber ein paar Gurkenwürfel legen, mit der kalten Suppe bedecken und als letzte Schicht etwas Sauerrahm angießen.
Den Gästen nichts verraten und auf die Reaktionen warten.

Bohnensalat mit Joghurt und Dill

Breite Bohnen in Salzwasser weich kochen und anschließend mit Eiswasser abschrecken. Mit Zitronensaft, Salz und Pfeffer würzen. Etwas Olivenöl darübergießen. 2-3 Eßlöffel dikken Joghurt darübergeben und mit reichlich frischem Dill bestreuen.

Fränkische Karpfen-Meerrettich-Suppe

1 kleiner Karpfen reicht für 4-8 Personen. Den Fisch vom Händler filetieren lassen. Kopf und Gräten mit 1 Eßlöffel Butter in einen Topf geben. Mit 1/2 l Weißwein und 1/2 l Gemüsebrühe auffüllen, aufkochen und den Schaum abschöpfen. 1 Karotte, Lauchstange, 1 Stück Sellerie, Lorbeerblatt, 2 Nelken, Piment und Pfefferkörner sowie reichlich Dillstengel dazugeben und 40 min. leise köcheln. Gemüse herausheben und den Fond abseihen. Das läßt sich vorbereiten. Zur Fertigstellung pro Person 1 dl Fond mit 1 dl Sahne reduzieren, 1 Eßlöffel Butter einmixen und 1 Eßlöffel frisch geriebenen Meerrettich in jede Suppe einrühren. Einige Streifen kurz gebratenes Karpfenfilet in die Suppe geben und mit frischem Dill garnieren. Sollte vom Karpfenfilet ein Rest bleiben, diesen im Fond pochieren, das Fondgemüse in Stücke schneiden und alles mit reichlich Dill und Essig abgeschmeckt in einer Form gelieren lassen. Am nächsten Tag mit Sahnemeerrettich als Vesper oder Vorspeise servieren.

Grüne Gazpacho

Diese Gazpacho enthält eigentlich keine Tomaten, es sei denn, Sie finden einige grüne Tomaten oder noch besser Tomatillos auf dem Markt.

4 Scheiben Toastbrot ohne Rinde in etwas kalter Fleisch-

brühe einweichen und ausdrücken. 2 Gartengurken schälen, entkernen und fein hacken. 2 grüne Tomaten oder 4 Tomatillos, 2 grüne Paprika, 1 grüne Chili und 4 Knoblauchzehen fein würfeln. 4 Eßlöffel Gurken-, Paprika- und Tomatenwürfel reservieren. Den Rest mit dem Brot im Mixer pürieren. Dabei 1 dl Olivenöl und je 2 Eßlöffel gehackte Petersilie, Dill, Estragon und Minze zugeben. Ist die Suppe zu dick, kann man sie mit ein paar Eiswürfeln verdünnen. Mit Salz und Pfeffer abschmecken, ein paar Gemüsewürfel hineinsetzen und mit gezupften Kräutern garnieren.

Petersfisch gedämpft im Salatblatt mit Zitronen–Dill–Butter

Von einem Kopfsalat die äußersten Blätter entfernen. Die großen äußeren Blätter kurz in kochendes Salzwasser geben und in Eiswasser abschrecken. Die dicken Rippen entfernen. Petersfischfilet häuten, in Portionsstücke schneiden, salzen, pfeffern, mit etwas Zitronenschale und Saft würzen und in die Salatblätter wickeln. In einem Topf Fischfond (aus dem Kopf und den Gräten des Petersfischs, mit Gemüse gekocht) mit je 1 guten Schuß Weißwein sowie Noilly Prat, feingehackten Schalotten, Dillstengeln und Zitronenschale aufkochen. Die Fischpäckchen in ein Dampfsieb darübersetzen und 10-15 min. dämpfen. Den Fisch warm stellen. Den Sud einkochen und abseihen. Mit 1 Schuß Sahne aufkochen und 150 g Butter in kleinen Stücken mit dem Mixstab einschlagen. Mit Salz und Pfeffer abschmecken. 1 Teelöffel geriebene Zitronenschale und 2 Eßlöffel gehackte Dillspitzen einrühren. Fisch mit der Buttersauce umgießen. Die Kopfsalatherzen mit einem Dill-Joghurt-Dressing anrichten.
Ist es ein Hauptgericht, servieren Sie neue Kartoffeln oder ein Zitronen-Risotto dazu.

ZITRONENMELISSE

Die Zitronenmelisse (Melissa officinalis) ist ein aromatischer Ersatz für Zitronen. In manchen Gegenden heißt sie auch Bienenkraut, weil die Bienen die Melisse lieben. Die Zitronenmelisse vertreibt (wie auch das Basilikum) die Fliegen, verströmt einen zarten Duft und schmeckt nur vor der Blüte. Ihre Heilwirkung war schon früh bekannt. Als Tee und in Klosterlikören findet sie Verwendung. Klosterfrau Melissengeist war schon das Hausmittel und trostspendender Trank für meine Urgroßmutter. Melisse würzt Salate, Süßspeisen, dekoriert Cocktails und gibt selbst Steinpilzen den besonderen Kick.

Steinpilze, gebraten

Steinpilze putzen und in Scheiben schneiden. Butter in einer Pfanne mit 2 Eßlöffeln Olivenöl aufschäumen und die Pilze darin anrösten. 1 feingehackte Schalotte dazugeben, salzen, pfeffern und mit 1 Eßlöffel Kalbsfond angießen. Einkochen und mit gehackter Petersilie, Katzenminze und Zitronenmelisse würzen.

Buttermilchsuppe, kalt

1 l Buttermilch mit 2 Eßlöffeln Sauerrahm, 1 Prise Salz, Zukker, Pfeffer und dem Saft einer Zitrone durchmixen. Feingeschnittene Zitronenmelisse darunterrühren.
Wer mag, kann mit Nordseekrabben verfeinern.

Frische Erdbeeren mit einem Sorbet oder Gelee von Zitronenmelisse

Zitronenmelisse hat ein zartes, fast flüchtiges Aroma.

2 Bund Zitronenmelisse in 3 dl Wasser mit 100 g Zucker aufkochen und 1 Std. ziehen lassen. Abgießen, mit dem Saft einer Zitrone säuern und frisch gehackte Melisse zugeben. In der Sorbetière geschmeidig rühren oder mit Gelatine andicken. Mit leicht gezuckerten und in Zitronensaft marinierten Erdbeeren servieren.

Trampo mallorquín

Eine leichte erfrischende Vorspeise ist ein *Trampo* mit Tintenfisch, wie ich ihn auf dem Markt an der Tapasbar in Palma in der Fischabteilung probierte.

2 weiße Zwiebeln mit Grün, 2 hellgrüne Spitzpaprika und 3 reife Fleischtomaten würfeln und vermischen. 400 g Calamares oder Sepia putzen und in kleine Stücke schneiden. In Olivenöl mit 1 Knoblauchzehe 1 min. scharf anbraten und herausnehmen. Unter den Salat mischen. Salzen, pfeffern und mit Olivenöl und Rotweinessig anmachen. Etwas glatte Petersilie, Basilikum und Zitronenmelisse fein hacken und darüberstreuen.

ESTRAGON

Estragon (Artemisia dracunculus) gehört zu den Beifußgewächsen. Aus Sibirien kommend hat es die europäische und vor allem die französische Küche erobert. Zusammen mit Kerbel, Petersilie und Schnittlauch gehört es zu den *Fines Herbes* und dominiert die Mischung. Estragon ist ein kräftiges Kraut. Ich rate, es alleine zu verwenden, denn es übertönt die sonst zarten Frühlingsaromen. Estragon kann man gut mitkochen und -braten. Von feinem Geschmack ist der französische Estragon. Der russische (auch Bertram genannt) ist eher grasig. Die lanzettlich geformten jungen Blätter würzen auch einen Salat. Estragon wird zum Einmachen von Gemüse und zur Aromatisierung von Essig verwendet.

Stubenküken mit Estragon
1 Stubenküken pro Person innen und außen salzen und pfeffern. 1 Zweig Estragon, Petersilie und 1 Schalotte in den Bauch stecken. Die Haut über dem Brustfleisch vom Hals aus vorsichtig auflockern und ein paar Estragonblätter dazwischenschieben. Die Küken mit 1 gehackten Zwiebel und Suppengrün in den 190° heißen Ofen schieben. Mit Butter begießen und rundum anbraten. Mit Weißwein und 1 guten Schuß Estragonessig begießen. Den Schmorfond mit 1 Schöpfkelle Hühnerbrühe loskochen und durch ein Sieb geben. Entfetten und mit 3 Eßlöffeln Crème fraîche und gezupften Estragonblättern einkochen.
Mit Spätzle oder Bandnudeln servieren.

Mandeln, Spargel und Huhn im Wok gebraten

Wir brauchen für 4 Personen 800 g geschälten und in 2 cm lange Stücke geschnittenen Spargel, 100 g halbierte geschälte Mandeln, 600 g Hühnerbrust, in daumenstarke Stücke geschnitten. Das Hühnerfleisch in 2 Eßlöffeln Sojasauce für 2 Std. marinieren. In einem Wok oder einer großen Eisenpfanne 1 Eßlöffel Öl stark erhitzen. Die Spargelstücke zugeben und unter Rühren rasch braten. Herausnehmen und neues Öl hineingeben. Die Mandeln mit dem Fleisch kroß braten. 1 Stück getrocknete Chili hinzufügen, die Spargel wieder hineingeben, salzen, pfeffern, 1 Eßlöffel gehackten Estragon dazugeben und mit 1 Schuß Balsamessig und 1 dl Sherry aufgießen. Bei starker Hitze kurz einkochen.

Stör auf Estragonbutter

30 g Estragonblättchen mit 80 g Butter mit dem Mixer zerhacken und kalt stellen. 1 gehackte Schalotte in 6 cl Estragonessig weich kochen. 1 Störfilet von der Haut abziehen. In Portionen von 180 g schneiden, salzen, pfeffern und leicht mehlieren. In aufgeschäumter Butter von beiden Seiten anbraten und für 8 min. in den 180° heißen Ofen schieben. 1 dl Sahne in der Saucenreduktion aufkochen und die Estragonbutter in kleinen Stücken mit dem Stabmixer einschlagen. Fischfilets mit der Buttersauce überziehen, mit Estragonblättchen dekorieren und mit Salzkartoffeln servieren.

Perlhuhn mit Knoblauch und Estragonessig

1 Perlhuhn innen und außen salzen und pfeffern. In den Bauch 1 Sträußchen Estragon und 3 Knoblauchzehen legen. Rundum in Butter anbraten. 1 ganze Knoblauchknolle (so wie sie ist), 1 Stück Sellerie, 1 Karotte und 2 geviertelte Tomaten sowie einige Zweige Estragon dazulegen und 35 min. bei 180° in den Ofen schieben. Mit 2 dl Geflügelbrühe übergießen. 10 min. weiterbraten. Den Bratfond mit 1 kräftigen Schuß Estragonessig ablösen und durch ein Sieb geben. Die Sauce mit Salz, Zucker und Pfeffer abschmecken. Geflügel mit der Sauce nappieren. Den ganzen Knoblauch in Zehen teilen und dazulegen.

Mit Pommes Maxim servieren.

SCHNITTLAUCH

Schnittlauch (Allium schoenoprasum) ist das feinste unter den Zwiebelgewächsen. Eigentlich ist Schnittlauch der Süddeutschen und der Österreicher Lieblingskraut. In Suppen und Salaten, bis auf Süßes fast überall, gehört Schnittlauch dazu. Frisch geschnitten gehört er und roh in letzter Minute hinzugefügt, erklärte mir einmal Witzigmann. »Häng dich auf am Schnittlauch« hat er einem Korinthenzähler von Kritiker geraten. Schnittlauch regt den Appetit an und ist reich an Vitaminen und Mineralien. Er gehört auf die Rindssuppe, Frittatensuppe, über die Leberknödelsuppe und die Schöberlsuppe gestreut.

Tomaten-Schnittlauch-Brot

1 Bauernbrot dick mit frischer Butter bestreichen. Reife Tomatenscheiben darauflegen. Salzen, pfeffern und dick mit
frisch gehacktem Schnittlauch bestreuen. Was braucht man
mehr?

Rindfleisch gekocht, mit Schnittlauchsauce

Zum gekochten Tafelspitz gehört eine Schnittlauchsauce.
1. Variante: Mayonnaise mit 2 hartgekochten Dottern und
1 harten Ei feingehackt vermischen. 2 Semmeln in Wasser
mit 1 Schuß Essig vermischt einweichen, ausdrücken und
mit der Eimasse vermischen. Reichlich frisch geschnittenen
Schnittlauch unterziehen.
2. Variante: 1/8 l kalte Rindersuppe mit 2 harten Dottern
(durch ein Sieb passiert), 1 Prise Reismehl und Zitronensaft
über Dampf dick aufschlagen. 5 cl Öl in Tropfen dazuschla-
gen und mit Salz und Essig abschmecken. Reichlich frischen
Schnittlauch untermengen.

Krebse mit Pfifferlingen und Schnittlauchbutter

24 Krebse in Salzwasser mit Kümmel, Pfefferkörnern und
Dill 3 min. kochen. Schwanz und Scherenfleisch herauslösen
und zur Seite stellen. Die Krebsschalen mit 2 Knoblauchzehen, 1 Zwiebel und 1 Suppengrün in Öl anrösten. 1 Eßlöffel
Tomatemark mit anbraten und mit 1 Schuß Weißwein ablöschen. Mit 4 cl Cognac begießen, flambieren und 3 dl Sahne
aufgießen. 20 min. kochen, durch ein Sieb geben und die
Schalen fest ausdrücken. 250 g geputzte frische Pfifferlinge
in Butter anbraten, salzen und pfeffern. Die Krebssauce mit
60 g Butter aufmixen, 3 Eßlöffel frische Schnittlauchröll-
chen einrühren, die Pfifferlinge zugeben und das Krebs-
fleisch kurz darin erwärmen.

LIEBSTÖCKEL UND PIMPERNELLE

Liebstöckel (Levisticum officinale) ist heute zum Suppenkraut verkommen. Als Maggikraut erinnert es im Geschmack an diese Würzsauce, in der übrigens kein Liebstöckel enthalten ist. Das Aroma ist feinherb, an Selleriegrün erinnernd. Paßt gut zu Möhren und Selleriegemüse. Früher kochte man Liebstöckel wie Sellerie als Gemüse.

Fränkischer Gemüseeintopf

1 Sellerieknolle schälen, 1 Stangensellerie zerteilen (vorher die Fasern entfernen), 3 große geschälte Kartoffeln, 4 Möhren, 200 g breite Bohnen, 1 Petersilienwurzel, 1 Pastinake und 1/2 kleiner Weißkohl, 2 Gemüsezwiebeln und 3 Knoblauchzehen. Das Gemüse geputzt in kleine Stücke schneiden. In 3 Eßlöffeln Butter anschwitzen, mit Wasser aufgießen, salzen, pfeffern und reichlich zerpflückten Liebstöckel zugeben. Kochen, bis das Gemüse weich ist. Mit 1 Prise Zucker und 1 Schuß Essig abschmecken. Aus 2 Eiern, Mehl und Butter einen dicken Teig rühren, bis er Blasen schlägt. Mit Salz und Muskat würzen. Nocken abstechen und in der Brühe kochen. Diese festen Mehlspatzen sind die Original-Einlage. Wer mag, kocht 1 Stück durchwachsenes Rauchfleisch mit.

Pimpernelle oder Pimpinelle (Pimpinella sanguisorba), auch kleiner Wiesenknopf genannt, schmeckt zart nach Gurken, eignet sich für Salate und Kräutersaucen, Kräuteromelett oder Kräuterquark und sollte nicht mitgekocht werden. Die Pimpernelle gehört in die Grüne Soße und zu den Aalkräutern.

Kutteln mit Mai-Ritterlingen und Stockschwämmchen

Dieses Gericht erhält durch frische Pimpernelle, am Schluß feingehackt darübergestreut, seinen besonderen Pfiff.

Vorgekochte Kalbskuttel in Streifen schneiden. 1 Eßlöffel Butter aufschäumen und je 150 g geputzte Mairitterlinge und Stockschwämmchen darin anbraten. 2 Zwiebeln, 1 Lauchstange, 1 Karotte, 1 Stück Sellerie (alles in feine Streifen geschnitten) mit andünsten. Die Kutteln zugeben und mit 2 dl Brühe, 1 dl Weißwein und 1 Schuß Essig ablöschen. Kochen bis die Kutteln weich, aber noch bißfest sind. Mit Salz und Pfeffer abschmecken. Gehackte Petersilie und Pimpernelle vor dem Servieren darüberstreuen.

PETERSILIE

Petersilie (Petroselinum crispum) ist das am meisten verwendete Küchenkraut. Es würzt und dekoriert warme und kalte Speisen. Es gibt die krause, die feinblättrige und die besonders aromatische glattblättrige Art. Petersilie gilt seit alten Zeiten als Heilkraut, als verdauungsfördernd und vitaminhaltig. Die Nürnberger werden in Franken ob ihrer Vorliebe für dieses Kraut auch als »Peterlasbuam« verspottet.

Saibling mit brauner Kräuterbutter

Pro Person 1 Saibling oder 1 Forelle salzen, pfeffern und je 1 Thymianzweig und 1 Salbeiblatt in den Bauch geben. Die Fische leicht in Mehl wälzen. In einer hohen Pfanne Öl erhitzen und die Fische einlegen. Nach 3 min. vorsichtig wenden und für 8 min. bei 160° in den Ofen schieben. In einem Topf Butter aufschäumen, gehackten Thymian, Salbei und

reichlich Petersilie dazugeben. Wenn die Kräuter braun werden, vom Feuer nehmen und 2 Eßlöffel gehackte Petersilie
dazugeben.
Die Fische mit der braunen Butter, neuen Kartoffeln und
Salat servieren.

Täubchen mit Zuckererbsen

Von 4 jungen Täubchen Hälse und Flügel abschneiden, die
Tauben innen und außen salzen und pfeffern und je 1 Knoblauchzehe und Thymian in den Bauch stecken. Die Tauben
in Öl ringsum gut anbraten. 2 Zwiebeln und 1 Bund Suppengrün hacken und mit anrösten. 4 dl Geflügelfond angießen und für 20 min. in den 220° heißen Ofen schieben.
Die Tauben herausnehmen, Brust und Schenkel tranchieren.
Den Bratensatz loskochen und mit 1 dl Balsamessig einkochen. Durch ein Sieb gießen und entfetten. 100 g gepulte frische Erbsen und 200 g Zuckererbsen in Salzwasser knackig
kochen und in Eiswasser abschrecken. 1 feingehackte Schal-
lotte in 30 g Butter andünsten, 1 feingeschnittenen Kopfsalat
mit anschwitzen und mit 1 dl Geflügelfond und 1 dl Sahne
aufgießen, einkochen und die Erbsen dazugeben. Frisch
gehackten Kerbel und Petersilie unterrühren. Brüste und
Schenkel mit der Sauce begießen und mit diesem Gemüse
servieren.

Spaghetti vongole in bianco

1 weiße Zwiebel, 1 Chili und 3 Knoblauchzehen in Olivenöl
anschwitzen. 1 kg Vongole dazugeben, mit Weißwein ablöschen und zugedeckt kochen, bis sich die Muscheln öffnen. Kochfond mit etwas Butter abbinden und mit weißem
Pfeffer und gehackter glatter Petersilie würzen. Die al dente

gekochten Spaghetti unterziehen und im Sud gar ziehen lassen.

Funghi trifolati

Trifolati (getrüffelt) bezieht sich bei diesem Gericht auf die Mischung von Knoblauch und Petersilie, die das Aroma der Alba-Trüffel nachbilden soll. 500 g Champignons oder Steinpilze in Viertel oder in Scheiben schneiden. In Olivenöl anbraten, salzen und pfeffern. 3 Knoblauchzehen mit 1 Bund glatter Petersilie feingehackt daruntermischen und mit dem Saft einer Zitrone ablöschen. Mit frischem Olivenöl abschmecken.

KERBEL

Der Kerbel (Anthriscus cerefolium) hat feingefiederte Blätter und ist ein zartes, empfindliches Kraut. Er gehört wie der Dill zu den Doldenblütlern. Sein zarter Anisduft hebt das Aroma von Suppen, Saucen und Salaten. Auch die weißen Blüten sind eßbar. Frisches Kerbelkraut ist für mich der Inbegriff des Frühlings. Kerbelbutter, in eine leichte Kartoffel-Sahne-Suppe gemixt, ist ein Frühlingsgedicht.

Panna cotta von weißem Spargel
mit einer Kerbel-Infusion

500 g weißen Spargel kochen. Die Köpfe abschneiden und reservieren. Die restlichen Teile fein hacken, mit etwas Kochwasser mixen und durch ein feines Sieb streichen. Das ergibt ca. 1/2 l Püree. Dieses mit 1/4 l Crème fraîche aufkochen, salzen und pfeffern. 8 Blatt Gelatine einweichen, aus-

drücken und in der heißen Masse auflösen. Langsam kalt rühren, in Förmchen füllen und fest werden lassen. Zum Servieren stürzen. 100 g Kerbel kurz in kochendes Wasser tauchen, in Eiswasser abschrecken, Flüssigkeit ausdrücken und mit 1 Tasse Traubenkernöl fein pürieren. Durch ein feines Sieb streichen und mit Salz und Pfeffer würzen. Das Kerbelöl um die Panna cotta gießen. Wer mag, setzt 1 Eßlöffel Kaviar darauf. Die Spargelköpfe sternförmig um die Panna cotta legen.

Kerbelsuppe

100 g Kerbel fein hacken. Für die Kerbelbutter die Hälfte des Kerbels mit 150 g Butter im Mixer ganz fein pürieren und dann kalt stellen. 3 Schalotten in 1 Eßlöffel Butter anschwitzen. 2 große Kartoffeln, geschält, in kleinen Stücken zugeben und mit 3/4 l Gemüse- oder Hühnerbrühe auffüllen. Den gehackten Kerbel und 2 dl Sahne dazugeben und weiterkochen, bis die Kartoffeln weich sind. Die kalte Kerbelbutter in kleinen Stücken einmixen. Mit Salz und Pfeffer abschmecken. Als Einlage Brotcroûtons, Räucherlachsstreifen oder gebackene Briesröschen. Mit gezupften Kerbelblättern garnieren.

Verlorene Eier im Kerbelsud

60 g Kerbel fein hacken und mit 100 g Butter vermischen und kalt stellen. 1 dl Noilly Prat mit 1 Schuß Weißweinessig und 1 gehackten Schalotte aufkochen. 1 Schuß Sahne zugeben und die kalte Kerbelbutter einmixen. Mit Salz und Pfeffer abschmecken. Salzwasser mit 1 Schuß Essig aufkochen. Frische Eier einzeln in eine Schöpfkelle schlagen und vorsichtig in das kochende Wasser gleiten lassen. 3-4 min. zie-

hen lassen. Herausheben und das Eiweiß etwas in Form schneiden. Mit der heißen Kerbelsauce überzogen servieren.

Kalbsfiletscheiben mit Tomaten–Kerbel–Vinaigrette mariniert auf Salat von grünem und weißem Spargel

Pro Person brauchen Sie 4 Stangen weißen und 4 Stangen grünen Spargel. Die Spargel wie üblich schälen und die Enden abschneiden und in Salzwasser mit etwas Butter, 1 Prise Zucker und 1 Schuß Weißwein kochen. Herausheben und kalt abschrecken. Die Spitzen in etwa 8 cm lange Stücke schneiden und kreisförmig, weiß und grün abwechselnd auf Teller legen. Die Enden in Würfel schneiden und in die Mitte setzen. Aus 3 Eßlöffeln Spargelkochfond, 2 Eßlöffeln Weißweinessig und 3 Eßlöffeln Öl mit Salz und weißem Pfeffer eine Vinaigrette aufschlagen und über die Spargel träufeln. Pro Portion 4 dünne Scheiben ganz frisches rohes Kalbsfilet abschneiden und zwischen Folie dünn ausklopfen. Auf die Mitte über die Spargelstücke legen. Leicht salzen und pfeffern. Für die Tomaten-Vinaigrette 2 Fleischtomaten häuten, entkernen und in feine Würfel schneiden. Tomatenhäute und Schalen durch ein Sieb ausdrücken und das Tomatenwasser auffangen. Das Wasser mit 2 Eßlöffeln Olivenöl, Salz, Pfeffer und 1 Prise Zucker sowie 1 Eßlöffel guten Balsamessig verrühren. Die Tomatenwürfel und 1 Eßlöffel feingehackten Kerbel untermischen. Diese Vinaigrette auf den Filetscheiben verteilen. Reichlich mit gezupften Kerbelblättern garnieren.

Blumenkohlterrine mit Kerbelsauce

700 g geputzten und in Röschen zerteilten Blumenkohl in
1/4 l Sahne 10 min. kochen, herausnehmen und die Stiele
von den Röschen abschneiden und in der Sahne mit Salz,
Pfeffer und Muskat gewürzt weich kochen. Pürieren und
durch ein Sieb streichen. Die Masse abkühlen lassen und
3 Eier unterschlagen. Die Röschen in eine mit Folie ausge-
legte Terrinenform schichten und mit der Eiermasse begießen. Mit Folie abdecken und im Ofen im Wasserbad bei
190° 45-60 min. garen. Aus der Form heben und warm aufschneiden. Mit Kerbelsauce servieren. Dafür 2 Handvoll frischen Kerbel waschen, fein hacken und mit 150 g Butter im
Mixer ganz fein pürieren und dann kalt stellen. 2 Schalotten
in etwas Butter anschwitzen, 1 dl Noilly Prat angießen, mit
2 Eßlöffeln Sahne aufkochen und die Kerbelbutter nach und
nach mit dem Mixstab einschlagen.

Stubenküken mit Kerbelcreme

Pro Person 1 Küken innen und außen salzen und pfeffern.
1 Sträußchen Petersilie und Kerbel in den Bauch stecken. In
eine Bratreine setzen, mit Butter begießen und bei 200° im
Ofen 20 min. braten. Mit Weißwein und 2 dl Sahne begießen und weitere 5 min. braten. Mit 1 dl Geflügelbrühe
den Bratensatz ablösen und durch ein Sieb gießen. 2 Eßlöffel
kalte Kerbelbutter mit dem Stabmixer unterschlagen und
mit Kerbel garniert die Sauce über die Küken geben.
Mit Spätzle servieren.

KRÄUTERMISCHUNGEN

Natürlich werden viele Gartenkräuter wie auch Gewürze in vielen Rezepturen nicht einzeln verwendet. Je nach Gegend und Rezept werden sie oft in »Klassischen Mischungen« verarbeitet. Alle Kombinationen kann ich hier nicht vorstellen, das hieße jeden Rahmen sprengen. Auf manches Kraut und Wildkraut muß an dieser Stelle verzichtet werden.

Steinbutt mit Kräuterkruste

Die sieben klassischen Kräuter der Grünen Soße verwende ich für Steinbutt mit Kräuterkruste. Die zarten Frühlingskräuter sind für einen zarten Fisch nicht zu kräftig.

Die Kräuter waschen, trocken schleudern und fein hacken. Mit Butter verrühren. 2 Eßlöffel zur Seite nehmen, mit Semmelbröseln verkneten und dünn ausrollen. Die Masse auf das gewürzte Fischfilet geben und in einer gebutterten Form im Ofen je nach Stärke des Filets 5-10 min. backen. 1 gehackte Schalotte in 1 dl Noilly Prat aufkochen. Die Kräuterbutter und 3 Eßlöffel Sahne mit dem Mixer einschlagen. Die Sauce über gekochte Spargelstücke ziehen und das Fischfilet daraufsetzen.

Omelett mit Fines Herbes

Je 2 Eßlöffel Champignons, schwarze Trüffel, Schalotten, Petersilie, Estragon, Kerbel und Schnittlauch in Butter andünsten und in eine Schale geben. 2 Eßlöffel Butter in einer Eisenpfanne aufschäumen. 6 Eier mit Salz und Pfeffer verquirlen, in die Pfanne geben und sacken lassen. Die Fines Herbes darauf verteilen. Das Omelett zusammenklappen und auf einer Platte servieren.

Kräuterbutter »Ravigote«

Je 1 Tasse Kerbel, Estragon, Schnittlauch, Pimpernelle und
Petersilie kurz in kochendem Salzwasser blanchieren, in Eiswasser abschrecken und das Wasser gut ausdrücken. Mit
Salz, dem Saft einer Zitrone und 200 g Butter mit dem Mixer fein zerhacken. Im Kühlschrank fest werden lassen und
in Portionen schneiden. Paßt zu zarten Lammkoteletts oder
Kalbssteaks.

Aal grün

Die Aal-Kräuter haben schon seit dem Mittelalter ihre traditionelle Mischung. Es sind dies Kerbel, Petersilie, Dill,
Schnittlauch, Sauerampfer, Bohnenkraut und Estragon.
Dazu kommen noch ein paar Minzblätter, Salbei und Spinat
für die Farbe.
1 kg frischen Aal häuten und in 5 cm lange Stücke schneiden,
salzen und pfeffern. 100 g Schalotten in Butter anschwitzen,
Aalstücke zugeben. Nach 5 min. mit 4 dl Weißwein und 4 dl
Fischfond auffüllen und die Aale gar ziehen lassen. Herausheben und den Fond einkochen lassen. 100 g der genannten
Kräuter feingehackt im Fond aufkochen. Den Saft einer
Zitrone zufügen. Mit Salz und Pfeffer abschmecken. Mit
1 Schuß Sahne und 2 Eigelb binden, aber nicht mehr kochen
lassen. Die Aalstücke einlegen, um sie noch mal zu erwärmen.

KRÄUTER DES SÜDENS
(HERBES DE PROVENCE)

Herbes de Provence haben Sie bestimmt schon im Urlaub gekauft. Oft sind diese Säckchen eher als Duftkissen zu gebrauchen als in der Küche. Meist sind Thymian, Rosmarin, Lavendel, Salbei, Oregano, Bergbohnenkraut und Majoran in den Mischungen enthalten. Oregano ist getrocknet noch am aromatischsten. Auch Bohnenkraut, Majoran und Lavendel sind akzeptabel. Die anderen Kräuter sind frisch am besten und schmecken getrocknet eher nach Heu. Völlig ungeeignet zum Trocknen ist eines der wichtigsten Kräuter des Südens, das Basilikum. Einfrieren geht noch, besser für das frische Kraut ist, es in Öl einzulegen. Ist Thymian typisch für den französischen Süden, dann sind Basilikum und Salbei typisch für Italien, und Oregano ist das griechische Nationalgewürz. Die Spanier nennen den wilden Majoran die Freude der Berge. In Franken und Bayern ist der Garten-Majoran für Bratwürste, Gans- und Schweinebraten unverzichtbar.

Artischocken mit Kräutern des Südens
Artischockenherzen selbst einzulegen ist ein neues Erlebnis. Die geputzten Herzen, ganz oder halbiert, in reichlich Zitronensaft und Weißwein 5 min. kochen, bis sie bißfest sind, zusammen mit einem Leinensäckchen, gefüllt mit Thymian, Lorbeerblatt, Bergbohnenkraut, 3 Knoblauchzehen, wildem Fenchel und Korianderkörnern sowie Salz und Pfeffer und mit 1 guten Schuß frischem Olivenöl sowie 1 Spritzer Pastis. In ein mit kochendem Wasser ausgespültes Glas füllen und mit dem Kochsud übergießen. Im Kühlschrank aufbewahren und nach 2-3 Tagen als Antipasto servieren.

Sie können neben den Artischocken auch anderes Gemüse so zubereiten:

Frühlingszwiebeln, Champignonköpfe (vorher kurz in Öl anbraten), jungen Lauch, Möhrchen, Fenchel, Zucchini, Spargelspitzen, Zuckerschoten im gleichen Fond abkochen. Im Sud abkühlen lassen und lauwarm oder kalt dieses Gemüse à la grècque servieren. Das ist eine üppige vegetarische Vorspeise, paßt zum Lammrücken oder zum geschmorten Zicklein.

Terrine von Artischocken, Auberginen und Tomaten

Für eine Terrine von Artischocken, Auberginen und Tomaten kochen Sie 20 halbe kleine Artischocken bißfest, wie im vorigen Rezept beschrieben. 2 große Auberginen in Scheiben schneiden, einsalzen, ziehen lassen und die Flüssigkeit ausdrücken. In Olivenöl auf beiden Seiten braten und auf Küchenpapier abtropfen. Mit feingehackten Kräutern (Rosmarin, Thymian, Salbei, Petersilie und Knoblauch) bestreuen. 4 Fleischtomaten quer in dicke Scheiben schneiden, auf ein geöltes Backblech setzen, salzen, mit der gleichen Kräutermischung bestreuen und 60 min. bei 90° im Ofen (die Tür einen Spalt geöffnet) backen. Auberginenscheiben, Artischocken und Tomaten abwechselnd in eine Terrinenform schichten. 2 dl vom Artischockenfond mit 3 dl Tomatensauce aufkochen, vom Feuer nehmen und 6 Blatt in kaltem Wasser eingeweichte Gelatineblätter darin auflösen. Auf das Gemüse gießen und schütteln, damit die Flüssigkeit dazwischenläuft. Durchkühlen lassen, in Scheiben schneiden und mit einer Kräuter-Vinaigrette mit Stücken von Schafskäse servieren.

BOHNENKRAUT

Bohnenkraut (Satureja hortensis), auch Pfefferkraut genannt, gibt es in 2 Varietäten. Das einjährige Garten-Bohnenkraut, das frische grüne Bohnen so unnachahmlich würzt, und die winterharte Sorte, das Bergbohnenkraut (Satureja montana), welches gut zu Lamm, mit Tomaten geschmorten Fleischragouts und zu Hülsenfrüchten paßt.

Wolfsbarsch auf Ragout von breiten Bohnen, Borlotti- und Cannellini-Bohnen, Tomaten, Oliven und Bergbohnenkraut

Am besten verwendet man im Sommer frische Borlotti- und Cannellinibohnen (weiße Bohnen). Diese ausbrechen, grüne Bohnen putzen und in Stücke schneiden. 1 Zwiebel hakken und mit 3 Knoblauchzehen in Olivenöl anschwitzen. Frische Tomaten häuten und entkernen, in Würfeln zugeben und eine leichte Tomatensauce ziehen. 3 dl Fischfond angießen und die Bohnenkerne zugeben. Nach 15 min. die grünen Bohnen, Bergbohnenkraut feingehackt, Salz und Pfeffer dazugeben. Wer mag, kann ein paar kleine Kartoffelwürfel, in jedem Fall kleine ligurische Oliven zufügen. 1 Wolfsbarsch ausnehmen, salzen, pfeffern und auf das Ragout setzen. Mit Olivenöl benetzen und für 20 min., je nach Größe des Fisches auch länger, in den Ofen schieben.

Ochsenkotelett mit Kräutern und Knoblauch gebraten

Für 2-3 Personen je 1 Ochsenkotelett von 800 g in Olivenöl mit einigen zerquetschten Knoblauchzehen, Thymian, Rosmarin, 2 getrockneten Chilis und Bergbohnenkraut für 24 Std. einlegen. Die Koteletts abtupfen und in einer Eisenpfanne auf jeder Seite 5 min. kräftig anbraten, die Kräuter dazulegen und für 15 min. in den 180° heißen Ofen schieben. Die Koteletts können auch auf dem Gartengrill über der heißen Glut auf jeder Seite 8 min. gegrillt werden, dann in Alufolie mit den Kräutern einwickeln und 10-15 min. neben der Glut ruhen lassen.

Dazu grüne Böhnchen mit gehacktem Knoblauch und Bohnenkraut in Butter geschwenkt, frisch gebackenen Pommes frites und einer Sauce béarnaise servieren.

Daube de bœuf provençal

2 kg Rindfleisch aus der Wade in große Würfel schneiden, salzen und pfeffern, in Olivenöl anbraten. 3 feingehackte Schalotten, 6 zerdrückte Knoblauchzehen, 1 Eßlöffel abgestreifte Thymianblätter, 1 Eßlöffel gehacktes Bergbohnenkraut, 2 Lorbeerblätter und 4 zerdrückte Wacholderbeeren zufügen. 2 Tassen getrocknete Steinpilze, in Wasser eingeweicht, ausdrücken, hacken und zugeben. Mit dem Einweichwasser, 2 cl Cognac und 1 Flasche Rotwein aufgießen. Zugedeckt bei ganz sanfter Hitze 3-4 Std. schmoren lassen.

Essighuhn provençal

1 kg rote Zwiebeln schälen, halbieren und in Streifen schneiden. In Olivenöl sanft anbraten. 1 Knoblauchknolle schälen,
die Zehen zerdrücken und mit anbraten. 1 Bouquet garni aus
Lorbeer, Thymian und Bergbohnenkraut dazulegen, salzen
und pfeffern. 1 Glas Geflügelbrühe angießen und zugedeckt
bei kleinster Hitze simmern lassen. 1 dickes Bauernhuhn
oder 1 Poularde in 8 Teile schneiden, salzen, pfeffern, leicht
mehlieren und mit ein paar Speckwürfeln in Olivenöl rundum anbraten. Die Hühnerteile aus der Pfanne nehmen, auf
das Zwiebelkompott setzen und zugedeckt 20 min. im Ofen
nachziehen lassen. 1 Eßlöffel Zucker in die Pfanne geben,
2 dl Rotweinessig angießen. Den Bratensatz unter Rühren
ablösen und stark einkochen lassen. 2 dl von dem Rotwein,
den Sie servieren, dazugießen und wieder kräftig reduzieren.
Die Geflügelteile auf dem Zwiebelgemüse mit der Sauce glasiert servieren.

ROSMARIN

Rosmarin (Rosmarinus officinalis) ist eine anspruchslose immergrüne Staude. Am besten verwendet man in der Küche die frischen, weichen Triebe. Vor allem in der Küche rund ums Mittelmeer wird er viel verwendet. Braten wie Spanferkel oder Lammkeulen werden damit gefüllt. Bei uns gedeiht er auch, wird aber wegen der schwächeren Sonneneinstrahlung weniger aromatisch. Sein ätherisches Öl ist sehr intensiv. Man nannte den Rosmarin auch Riechkräutlein. Zuviel verdirbt manchmal den Geschmack. Früher war es Brauch, Rosmarin neben der Myrthe als Hochzeitsstrauß zu tragen, aber auch auf Gräber zu pflanzen.

Champagner mit Rosmarin

Das ist ein witziger Sommerdrink.

In ein Longdrinkglas Eiswürfel geben. 1 kleinen, frischen Rosmarinzweig leicht andrücken, dazulegen und mit eiskaltem Champagner auffüllen. Nicht nur der Champagner, auch Rosmarin wirkt ungeheuer anregend.

Focaccia

Wir servieren jeden Abend frisch ein Olivenölbrot, in Ligurien *Focaccia,* in der Provence *Fougasse* genannt.

500 g Mehl auf ein Brett sieben. In einer Kuhle aus 25 g Hefe, in 1/2 Tasse Milch aufgelöst, mit 1 Prise Zucker und etwas Salz einen Vorteig anrühren und etwas gehen lassen. Das Mehl mit dem Vorteig, gut 1/4 l Wasser und 1 dl frischem Olivenöl zu einer Kugel kneten. Zugedeckt an einem warmen Ort 3 Std. aufgehen lassen. Ein Backblech mit Olivenöl ausstreichen und etwas Wasser aufsprengen. Den Teig fin-

gerdick ausrollen, mit gehacktem Rosmarin, gehackten getrockneten Tomaten und/oder gehackten Oliven würzen
und auf das Blech legen. Erneut 1 Std. aufgehen lassen. Gut
mit Olivenöl, Wasser und Meersalz besprengen und bei 240°
in den Backofen schieben und ca. 15 min. goldbraun backen.

Kichererbsencreme mit Scampi, Knoblauch und Rosmarinspeck

Kichererbsen 1 Tag in kaltem Wasser einweichen, in Gemüsebrühe mit 1 Zweig Salbei, 1 Stück Sellerie und 4 ungeschäl-
ten Knoblauchzehen auf kleinem Feuer weich kochen. Die
Kichererbsen mit 1/3 der Kochbrühe und den Knoblauchzehen pürieren und durch ein Sieb streichen. Salzen und pfeffern und über lindem Feuer mit reichlich feinstem Olivenöl
cremig aufschlagen. Rosmarinspeck in feinen Scheiben kurz
anbraten. Gehackten frischen Rosmarin hinzufügen und die
Speckscheiben mit dem Bratfett und dem Rosmarin auf die
Suppe streuen. Mit gebratenen Garnelen oder Langustinen
servieren.

Steinpilzspieß auf Rosmarin

Haben Sie kleine, feste Steinpilze gefunden oder auf dem
Markt erstanden, dann putzen und halbieren Sie diese.
1 Rosmarinzweig bis auf die Spitze von den Nadeln säubern
und anspitzen. Auf diesen Spieß abwechselnd halbierte Pilze, Rosmarinspeck und halbe sonnengetrocknete Tomaten
stecken. Salzen, pfeffern, mit Olivenöl einstreichen und gril-
len oder in der Pfanne braten.

Bauernhuhn mit Rosmarin-Lardo-Kartoffeln

1 schönes Bauernhuhn am Rücken aufschneiden, aufklappen, plattieren, rundum mit Salz, Pfeffer, gehacktem Rosmarin, Knoblauch und reichlich Olivenöl einreiben. Mit Fenchelsamen bestreuen. Eine große feuerfeste Form mit dicken Tomatenscheiben auslegen, salzen und pfeffern. Das Huhn aufsetzen und ringsum dicke Kartoffelschnitze, mit 1 Stück Rosmarin gespickt und mit Lardo di Colonnata (Speck) umwickelt, legen. Olivenöl darübergießen und 1 Std. bei 170° in den Ofen schieben.

Polentakuchen mit Rosmarin

250 g Butter schmelzen. Je 250 g Maismehl, Weizenmehl und Zucker sowie 4 Eigelb dazurühren. 1 Prise Salz, 10 g Backpulver, 2 Eßlöffel feingehackten frischen Rosmarin und 1 Glas Grappa dazugeben. Die 4 Eiweiß steif geschlagen unterheben. Den Teig in eine gebutterte, mit Maisgrieß ausgestreute Form geben und den Kuchen bei 180° 40 min. backen.

THYMIAN

Vom Thymian (Thymus vulgaris) kennen passionierte Kräutergärtner viele Varietäten. Er ist der Zwilling des Majoran und Oregano und heißt auch römischer Quendel. Von alters her wird er als Würz- und Heilpflanze verwendet. In der französischen Küche allgegenwärtig, würzt er Fisch, Hummer, Hummer- und Krebsfonds, Braten und Ragouts. Er harmoniert mit Rosmarin und Salbei, Tomaten und Knoblauch. Ich liebe besonders den Zitronen-Thymian.

Gebratene junge Artischocken mit grünem Spargel

12 kleine junge Artischocken putzen, das heißt Stiele und äußere Blätter sowie das obere Drittel abschneiden. Die Artischocken längs halbieren und eventuell das Heu entfernen. In dünne Scheiben schneiden und mit Zitronensaft beträufeln. In einer großen Pfanne in Olivenöl anbraten. Von 1 kg grünen Spargel die holzigen Teile abschneiden. Die grünen Spitzen in Streifen schneiden und mitbraten. 1 Knoblauchzehe, frischen Thymian, 100 g feingehackte getrocknete, in Olivenöl eingelegte Tomaten und 2 frische Fleischtomaten (gehäutet, entkernt und gewürfelt) dazugeben. Salzen, pfeffern und 1 Schuß Weißwein zugießen. Mit Olivenöl abrunden und mit gehackter Petersilie bestreuen.

Polenta e osei

Zur Pilzzeit wurden in Norditalien früher die Leimruten für die Vogeljagd ausgelegt. Dann gab es Polenta e osei con funghi. Das schmeckt zwar gut, ist aber heute politisch völlig inkorrekt. Also behelfen wir uns mit Tauben und Wachteln. 2 junge Tauben und 4 Wachteln ausnehmen, Lebern und Herzen reservieren, halbieren und mit Salz, Pfeffer und etwas zerdrücktem Wacholder würzen. In Öl mit etwas Butter ringsum anbraten. 1 feingehackte Zwiebel, 2 Knoblauchzehen, 1 Stück Stangensellerie, 1 Karotte, einige Thymianzweige und 1 Eßlöffel Tomatenmark mit anrösten. Mit 1 Glas Brandy und 3 dl Marsala ablöschen. 2 dl Geflügelfond angießen und 15 min. im Ofen abgedeckt schmoren lassen. In einer Pfanne die Herzen der Tauben und Wachteln sowie weitere 3-4 geputzte und geviertelte Hühnerherzen mit 4 Eßlöffeln Räucherspeckstreifen in etwas Öl anbraten. Nach Gusto oder Erfolg im Wald ein paar Scheiben Steinpilze, ein paar Pfifferlinge, Reizker, Totentrompeten, Maronen und Hallimasch mitrösten. Die Lebern und ein paar zusätzliche Geflügelleberstücke dazugeben. Mit Salz, Pfeffer, etwas gehacktem Rosmarin, Petersilie und Knoblauch aus der Presse würzen. Eine flüssige Polenta kochen und auf eine Platte gießen, die Vögel mit dem Schmorfond und die Pilze mit der Leber darübergeben.

Kaninchen-Terrine

4 Kaninchenkeulen in 1/2 l Geflügelbrühe, 1/2 l Weißwein mit 1 Bund Suppengrün, 1 Zwiebel, 2 Lorbeerblättern, der Schale und dem Saft einer Zitrone, 4 Zweigen Zitronen-Thymian, 1 Eßlöffel Pfefferkörnern, je 1 Teelöffel Piment, Muskatblüte, 3 Knoblauchzehen, 1 Bund Petersilie, 2 geviertelten Tomaten, Salz und 1 Prise Zucker aufkochen und bei kleiner Hitze sanft weich köcheln. Das Fleisch von den Knochen lösen. Knochen zurück in den Fond geben und um die Hälfte reduzieren. Fond durch ein Sieb geben. In 1/2 l Fond 5 Blatt Gelatine (in kaltem Wasser eingeweicht und ausgedrückt) auflösen. Das Fleisch mit gezupften Blättern des Zitronen-Thymians, 3 Eßlöffeln abgetropften kleinen Kapern und 2 Eßlöffeln feingeschnittener Zitronenschale (die vorher mit Zitronensaft und Zucker weichgekocht wurde) vermischen und in eine Terrinenform füllen. Mit dem Fond auffüllen und gut durchkühlen. Stürzen und in Scheiben schneiden.

Mit einem kleinen Salat und einer Sauce aus reduziertem Fond, Olivenöl, gehackten Kapern, Zitronensaft und Zitronenschale servieren.

Pilze auf spanische Art

Kleine Champignons oder Steinpilze putzen. Ganz oder halbiert in Olivenöl anbraten. Knoblauch und Petersilie, Thymian und etwas fein geschnittenen Serranoschinken mit anschwitzen, salzen, ordentlich pfeffern und mit trockenem Sherry, Zitronensaft und 1 Spritzer Brandy ablöschen und einkochen.

Schmeckt als Tapa warm und kalt.

Gefülltes Kaninchen auf alte Art

(Für 3-4 Personen)

1 ganzes Kaninchen, die Innereien – Herz, Leber und Nieren – entfernt, innen und außen salzen und pfeffern. Die Innereien fein hacken und mit 100 g Bratwurstbrät, 1 eingeweichten Semmel, 80 g gehacktem rohen Schinken, 1 feingeschnittenen Zwiebel und 2 Knoblauchzehen (in Butter glasig gedünstet) vermischen. Mit gehackter Petersilie, Thymian, Salbei, Muskat, Muskatblüte, Pfeffer und Salz würzen. Die Farce in Bauch und Brust geben und mit Holzspießchen zustecken. 3-4 Scheiben Frühstücksspeck um die Rücken-Bauch-Partie wickeln und festbinden. Das Kaninchen in Olivenöl rundum anbraten. 2 Zwiebeln, 3 Knoblauchzehen, 1 Karotte und 1 Stück Stangensellerie fein hacken und mit 1 Eßlöffel Tomatenmark anrösten. Mit 3 dl Weißwein ablöschen. 1 Zweig Thymian, Bergbohnenkraut, 3 Lorbeerblätter, 1 Stück Zitronenschale und 3 gehäutete und entkernte Tomaten und nach Geschmack 1 Handvoll kleine ligurische Oliven zugeben. Zugedeckt bei 160° 1 Std. im Ofen schmoren. Im Schmortopf servieren, mit Weißbrot und Wein.

Das ganze Kaninchen wird mit dem Kopf serviert. Erstens gibt es Liebhaber dieses Stücks und zweitens war dies die Ga-

rantie, wirklich ein Kaninchen und nicht Kater Karlo auf
dem Teller zu haben.

Dorade mit Rivierasauce

1 feingeschnittene Zwiebel, 3 Knoblauchzehen, 2 Eßlöffel
gehackten Thymian und 1 Eßlöffel Petersilie in Olivenöl andünsten. Mit Zucker, Salz und dem Saft einer Zitrone würzen. 2 Glas Weißwein angießen. Diesen Fond in eine Kasserolle geben, eine filetierte, mit Olivenöl beträufelte Dorade
hineinlegen und in den Ofen schieben. Bei 180° ca. 12 min.
garen. Die Fischfilets aus dem Fond heben und 4 reife Tomaten roh durch ein Sieb zu dem Fond streichen. Mit dem
Mixstab pürieren, mit Salz und Pfeffer abschmecken und die
Filets auf der Sauce servieren.

Kaninchenkeulen mit Zitronen-Thymian, Artischocken, Fave-Bohnen und Kartoffeln geschmort

Pro Person 1 Kaninchenkeule salzen und pfeffern. Den quer-
stehenden Knochen auslösen. 1 Knoblauchzehe, 1 Zweig Zitronen-Thymian und etwas Zitronenschale einstecken. In
Olivenöl rundum anbraten. 4 kleine Artischocken putzen,
die äußeren Blätter abbrechen und das obere Drittel abschneiden. Die Artischocken vierteln und eventuell das Heu
entfernen. Mit Zitronensaft abreiben und im Öl mit anbraten. 1 Kartoffel schälen und in Stücken ebenfalls dazugeben.
Mit 1/2 l Weißwein ablöschen und mit 1/2 l Brühe aufgießen.
1 Bouquet binden aus Zitronen-Thymian, Lorbeer, Petersilie
und Zitronenschale und einlegen. Für mehrere Personen er-
höht sich die Menge der Flüssigkeit entsprechend. Frische
dicke Bohnen aus den Schoten streifen und die äußere Haut
abziehen. Die zum Vorschein kommenden dunkelgrünen

geteilten Kerne, 1 Tasse davon pro Person, kurz vor Ende der Garzeit zugeben. Kaninchen sollte man bei kleiner Hitze schmoren. 160° im Ofen und 45 min. sollten reichen. Vor dem Servieren mit Salz, Pfeffer und gehackter Petersilie abschmecken.

SALBEI

Salbei (Salvia officinalis) galt den Alten als heilig. Es ist eine seit dem Altertum eingesetzte Würz- und Heilpflanze. Salbeetee braute die Großmutter bei Erkältungen. Er soll bei Halsweh helfen, die Verdauung fördern, Entzündungen hemmen und verbreitete sich deshalb als Allheilmittel aus dem Süden schnell in unseren Klostergärten. Salbei würzt auch getrocknet gut. Doch gebraten schmeckt er erst richtig intensiv. Salbei ist leicht bitter und muß richtig eingesetzt werden. Salbei würzt weiße Bohnen, Fisch wie etwa Aal und paßt hervorragend zu Kalbfleisch und Leber. Auch hier kennen Kräuter-Spezialisten viele Varietäten, z. B. den Ananas-Salbei.

Salbei steckte man zwischen die Vögel, die man früher an Spießen briet, *Uccelli scappati* hieß eines dieser Gerichte. Heute sind *Uccelli scappati* Spieße aus Kalbfleisch, Leber, Speck und dazwischen Salbeiblätter. Im Geschmack sollen sie an die Vogelspieße erinnern – dafür sorgt am stärksten der Salbei.

Kaninchen-Saltimbocca

Ausgelöste Kaninchenrücken in Medaillons schneiden, salzen, pfeffern und zu kleinen Schnitzelchen plattieren. 1 Salbeiblatt darauflegen und 1 Scheibe Serranoschinken mit einem Zahnstocher fixieren. Olivenöl mit etwas Butter in einer Pfanne aufschäumen, die Saltimbocca von beiden Seiten kurz anbraten. 1 Schuß Medium Sherry angießen, kurz einkochen und servieren.

Kaninchen-Leber mit Salbei

Die Leber in 3 Stücke teilen und leicht mit Mehl bestäuben. In einer Öl-Butter-Mischung von beiden Seiten mit reichlich Salbeiblättern kurz scharf anbraten. Erst jetzt salzen und kräftig pfeffern. 2 Eßlöffel Pinienkerne mit anrösten, 1 Tasse halbierte und gehäutete Trauben oder in Grappa eingelegte Rosinen dazugeben und mit Sherry und 1 Eßlöffel altem Balsamessig ablöschen.

Cannellini all' uccelletto

Auch hier erinnert der Salbei an die Vogelzubereitung. Deshalb heißt dieses einfache Bohnengericht *Uccelletto*.

400 g weiße Bohnen (Cannellini) über Nacht einweichen und in Wasser weich kochen. 2 Knoblauchzehen und 1 Zweig Salbei mitkochen. Nicht salzen. 6 Eßlöffel Olivenöl erhitzen, 2 Knoblauchzehen und 3 Eßlöffel gehackte Salbeiblätter zugeben und leicht dünsten. 2 große Tassen Pelati (Tomaten aus der Dose) zugeben und mit einer Gabel zerdrücken. Die abgetropften Bohnen dazugeben und erst jetzt salzen und pfeffern. 1 min. köcheln lassen.

Saltimbocca vom Seeteufel

1 Seeteufelschwanz sauber parieren, das heißt von der Mittelgräte schneiden und alle Häute abschneiden. In Medaillons von 50 g aufteilen. Mit je 2 Blättern Salbei belegen, salzen und pfeffern, 1 Scheibe Parmaschinken auf den Salbei legen und alles mit einem Zahnstocher feststecken. Olivenöl erhitzen, 1 Eßlöffel Butter dazugeben und die Saltimbocca (3 Stücke pro Person) von beiden Seiten je 2 min. braten.

Gefülltes Kalbskotelett mit Salbeibutter

Schalotten, in Scheiben geschnittene Champignons, Steinpilze (getrocknet, eingeweicht und gehackt), Petersilie und Salbei (feingeschnitten in Olivenöl) mit 1 Eßlöffel Butter anbraten, salzen und pfeffern. In eine Schüssel geben und etwas abkühlen lassen. Mit in Wasser eingeweichten Weißbrotkrumen und 1 Ei vermischen. Die Menge so berechnen, daß pro Kotelett 1 großer Eßlöffel Farce entsteht. In jedes Kalbskotelett eine Tasche schneiden und die Farce einfüllen. Die Koteletts würzen und in Butter auf beiden Seiten gut anbraten. Für 10 min. bei 170° in den Ofen schieben. Herausnehmen und pro Kotelett 2 Eßlöffel Butter und 1/2 Eßlöffel Salbeiblättchen in der Pfanne aufschäumen lassen. Koteletts auf eine Platte legen, mit dem Bratensatz und der Salbeibutter begießen und warm stellen.
Gekochte und geschälte kleine Kartoffeln in der Pfanne heiß schwenken und mit den Koteletts servieren.

Salbei–Mäuse

1 Ei und 1 Eigelb mit etwas Salz und 1/4 l Mineralwasser (mit Kohlensäure) verquirlen. 180 g Mehl rasch einarbeiten. 1 steifgeschlagenes Eiweiß unterziehen. Salbeiblätter am Stiel fassen und durch den Teig ziehen. Öl auf 190° erhitzen und die Blätter im Öl ausbacken. Sie schmecken salzig oder mit Puderzucker bestäubt gut.

Eine Leckerei, die meine Mutter uns als Kindern oft zubereitete. So schmecken auch Borretsch, Holunderblüten, männliche Zucchiniblüten und Akazienblüten.

BASILIKUM

Duftende Büschel Basilikum verkünden den Sommer. Dieses Kraut ist heute allgegenwärtig in der Küche der Life-Style-People. Vor 30 Jahren habe ich Basilikum noch mühselig im Garten selbst gezogen. Ein- bis zweimal im Jahr opferte ich dann die Pflanzung für ein paar Portionen Pesto. Mit 16 Jahren das erste Mal in Italien, und ich war diesem Duft verfallen. Die mitgebrachten Samen gingen auf. Doch waren meine Gartenkenntnisse beschränkt. Ich erntete, ohne Samen austreiben zu lassen. Bei einer einjährigen Pflanze war dann Schluß. Mit den Gastarbeitern, die nach Deutschland kamen, änderte sich die Situation: Nun gibt es Gemüsehändler, die Basilikum-Bündel in Fülle anbieten, und die richtigen Tomaten gibt es auch dazu. Trenette und Gnocchi al Pesto hatte ich in Italien probiert und von den Griechen gelernt, daß ein Büschel Basilikum hinterm Ohr die Fliegen vertreibt.

Ocimum basilicum oder auch Königskraut wird das Basilikum bei uns genannt. Den Namen hat das Gewürz, weil die heilige Helena, Mutter von Kaiser Konstantin, die Vision hatte, daß sie, unter duftendem Basilikum liegend, das heilige Kreuz fände. Dann mußte der Kaiser (basilikós) selbst das erste Kraut in jedem Jahr mit einer goldenen Sichel schneiden. Trotzdem kommt es nicht aus dem Mittelmeerraum. Das Basilikum ist in Indien heimisch, dem Gott Vishnu geweiht. Inder schwören mit der Hand auf einem Büschel Basilikum. Es kam in der Antike zu den Griechen und Römern. Dort wurde es mit Liebe und Tod in Verbindung gebracht. Boccaccio erzählt von dem Mädchen, das den Kopf des von ihren Brüdern ermordeten Geliebten in einem Topf mit Basilikum bewahrt. Keats nimmt die Geschichte in seinem Gedicht *Isabell and the Pot of Basil* wieder auf. Lope de Vega empfiehlt in seinem *Verheirateten Gärtner* das Basilikum für die Frauen über 30.

Im Mittelalter bei uns bekannt, hielt es sich nur in den Mittelmeerländern und in England. Zwar gehört es mit Kerbel, Estragon und Petersilie zu den *Fines herbes*, hat sich aber in der klassischen französischen und auch in unserer Küche nicht behauptet. In England gehörte es in die Mockturtlesuppe. Ein Gewürzkochbuch aus der Nachkriegszeit erwähnt nur ein Rezept für Basilikumessig. Das ist nicht weiter verwunderlich, denn den Tomatensalat kannte man damals noch keine 50 Jahre. Erst der Siegeszug der mediterranen Küche brachte dieses Kraut wieder in unsere Küchen – und wie! Man kann sich all dem Insalata Caprese (Mozzarella, Tomaten und Basilikum) kaum erwehren. Und meist ist es das Basilikum, das wenigstens nach etwas schmeckt.

Suppe von Tomaten, Orangen und Basilikum

Diese Suppe schmeckt besonders kalt an heißen Tagen.
In Olivenöl 2 gehackte weiße Zwiebeln, Stangensellerie,
4 Knoblauchzehen und 1 getrocknete Chili anschwitzen. Ein
paar Lorbeerblätter, 2 Eßlöffel Tomatenmark und 2 kg reife
Tomaten in Stücken zugeben. 6-8 Stengel Basilikum, die
schönen Blätter abgezupft, und 4 geachtelte Orangen dazugeben. 3 dl Weißwein, 3 dl Orangensaft und 5 dl Fleisch-
oder Gemüsebrühe angießen. 20 min. kochen und anschließend durch die Flotte Lotte drehen. Mit Salz, Pfeffer,
Zucker und Tabasco abschmecken. Die Schalen einer Orange fein abschälen, in Streifen schneiden und in 1 Eßlöffel
Orangensaft und 1 Eßlöffel Zucker einkochen. Die kalte
Suppe mit den Orangenschalen, den Orangenfilets, reichlich gezupftem frischen Basilikum und rohen Tomatenwürfeln garnieren.

Lachs-Lasagne mit Basilikum-Butter

Von 1 Stück Räucherlachs mit Haut feine Scheiben abschneiden. Haut und Lachsparüren in einem Topf mit 2 dl
Weißwein und 4 cl Noilly Prat 10 min. köcheln, anschließend den Sud abseihen. 2 Eßlöffel Mehl in 2 Eßlöffeln Butter anschwitzen, den Sud zugießen und mit 1 guten Schuß
Sahne 18 min. kochen, bis keine Klümpchen mehr vorhan-
den sind. Lasagneteigblätter in Salzwasser vorkochen und
auf einem Tuch abtropfen. Eine Form ausbuttern und die
Teigblätter einlegen. Dünne Scheiben von frischem Lachs
daraufgeben, dann etwas von der Béchamel, wieder Teig, erneut Béchamel, Räucherlachs, wieder Teig, frischer Lachs,
Béchamel, Teig und zum Abschluß die restliche Béchamel
mit etwas Sahne verrührt darübergießen. Ca. 15 min. in den

180° heißen Ofen schieben und dann mit Alufolie abgedeckt weitere 8 min. backen. Die Garzeit hängt davon ab, wie stark die Teigplatten vorgekocht sind. Für die Sauce die Blätter eines großen Bunds Basilikum abzupfen und mit 150 g Butter im Mixer fein zerhacken. Kalt stellen. 2 feingehackte Schalotten in 2 cl Basilikumessig, 2 cl Noilly Prat und 1 dl Sahne einkochen. Die Basilikumbutter mit dem Mixstab nach und nach einschlagen. Die Sauce auf Teller gießen, Lasagne in Portionen aufsetzen und mit frischen Tomatenwürfeln und Basilikum garnieren.

Minestrone von Sommerfrüchten mit einem Limonen-Basilikum-Sorbet

Aus 1/2 Wassermelone das Fruchtfleisch entfernen und durch ein Sieb streichen. Das ist unsere Suppenbasis. Jetzt geben Sie nach Angebot oder Lust und Laune Kugeln von Gallia- und Cavaillon-Melone, Stachelbeeren, Himbeeren, Johannisbeeren, Stücke von Aprikosen, Pfirsichen und anderen Früchten der Saison dazu, außerdem Zitronensaft und eventuell etwas Zucker. 300 g Zucker mit 3 dl Wasser zu Sirup aufkochen. Den Saft von 5 Zitronen und 5 Limetten dazugießen und in der Sorbetière gefrieren. Zum Schluß reichlich feingezupftes Basilikum unter das Sorbet rühren. Sorbet mit Basilikumblättern als Garnitur in der kalten Fruchtsuppe servieren.

Panzanella

Ist es sommerlich warm, servieren Sie einen toskanischen
Brotsalat, *Panzanella*. Ich bereite ihn so zu:
500 g altes Pane toscano (ungesalzenes toskanisches Land-
brot) würfeln und in Olivenöl anrösten. 5 Tomaten schälen
und entkernen. Das Tomatenwasser über die Brotwürfel geben. 1 Gartengurke schälen und entkernen. Tomaten und
Gurken würfeln. 2 schöne rote Zwiebeln mit Grün halbieren
und in feine Ringe schneiden. 1 Bund Blattpetersilie und
1 Bund Basilikum abzupfen. Das Gemüse und die Kräuter
mit den Brotwürfeln vermischen, salzen und pfeffern. Mit
bestem Olivenöl begießen und mit Rotweinessig kräftig abschmecken. Kalt stellen und 1 Std. durchziehen lassen.

Tomatensaucen klassisch. *Zwei schnelle Tomatensaucen:*

Napoletana: Reife Tomaten häuten, entkernen und in Stük-
ke schneiden. Olivenöl erhitzen. 1-2 Knoblauchzehen, mit
Salz zerdrückt, und die frischen Tomaten dazugeben. Salzen,
pfeffern und mit 1 Prise Zucker und 1 Stück Zitronenschale
würzen. Nur kurz kochen. Erst die Nudeln ins Wasser geben, dann die Sauce kochen. Mit frisch gezupftem Basilikum die Sauce unter die heißen Nudeln mischen.

Insalata: Nudeln kochen. Die Tomaten häuten und entkernen, dann in Würfel schneiden. Mit zerdrücktem Knoblauch, Salz, 1 getrockneten zerkleinerten Chilischote, einigen
Eßlöffeln gutem Olivenöl und frischen Basilikumblättern
kalt verrühren. Mit den heißen Nudeln vermischen. Wer
will, kann noch kleingeschnittene Mozzarellawürfel untermischen.

Tomatensaucen brauchen nicht unbedingt Zwiebeln und anderes Gemüse. Pellegrino Artusi schreibt in seiner *Wissenschaft des Kochens und der Kunst des Genießens*, Tomatensauce bestünde nur aus gekochten und passierten Tomaten. An anderer Stelle empfiehlt er, 1 Knoblauchzehe, 1 fingerlanges Stück Sellerie, Basilikum und Petersilie in Öl anzubraten, Tomaten dazuzugeben und mit Salz und Pfeffer zu würzen.

Pappa col pomodoro

Gerne esse ich eine Pappa col pomodoro, die Tomaten-Brotsuppe der Toskaner. Der Streit, ob sie aus Siena oder Florenz stammt, soll uns egal sein.

Sie brauchen ca. 500 g gutes Pane toscano oder pugliese, altbacken und ohne Rinde, und legen es in kalter Fleischbrühe ein. Je 1 Zwiebel, Karotte, Selleriestange und 4 Knoblauchzehen fein hacken und in 1 dl Olivenöl anschwitzen. 700 g geschälte und entkerne Tomaten zugeben und 10 min. kochen. Salzen und 1 kleine getrocknete Peperoncino einstreuen. Das ausgedrückte Brot einbröckeln und weitere 10 min. kochen. Die Suppe vom Feuer nehmen, 1 dl Olivenöl mit dem Schneebesen einschlagen und reichlich frischgezupftes Basilikum dazugeben. Am besten lauwarm servieren.

OREGANO

Oregano (Origanum vulgare), auch wilder Majoran genannt oder Dost, ist vor allem in südlichen Ländern von besonderem Aroma. Berühmt ist kretischer Oregano und der aus den Bergen Mallorcas. Er kommt getrocknet auch auf Pizzen, würzt Auberginen und Tomatensaucen. Das Aroma liegt, wenn der Oregano frisch ist, zwischen Majoran und Thymian. Griechen streuen ihn auf Grillfleisch, Souvlaki und Schafskäse. In Kreta reicht man einen Tee aus Oregano und anderen wilden Bergkräutern.

Oregano ist das Küchenkraut, das getrocknet intensiver ist als frisch.

Pilze à la grècque

Kleine Pilze ganz, große Pilze geviertelt in Olivenöl anbraten. Feingehackten Knoblauch, Schalotten, Stangensellerie und Karottenwürfelchen mit andünsten. Zitronensaft darüberträufeln. Mit Salz, Pfeffer, Oregano oder Thymian würzen und mit etwas Zucker und Rotweinessig abschmecken. Zum Schluß frische Tomatenwürfel mit erhitzen. Champignons zusammen mit den Tomaten nicht zu lange kochen, denn sie würden dadurch dunkel. Gehackte Petersilie und Minze darüberstreuen.

Gazpacho mallorquín mit Ziegenmilch-Oregano-Eis

Der Gazpacho ist eine kalte Gemüsesuppe für heiße Sommertage. Vielleicht war der erste Gazpacho ein übriggebliebenes Vesperbrot armer Hirten oder Landarbeiter. Brot, Knoblauch, Zwiebeln, Essig, Öl und Wasser waren ursprünglich Bestandteile des Gerichts. Dazu kam frisches

Feldgemüse. Das Vesperbrot war aufgeweicht. Warum mit Essig und Öl nicht gleich einen Salat oder eine Suppe bereiten? Der Name Gazpacho, den es sowohl im Spanischen wie im Portugiesischen gibt, stammt in seinem mozarabischen Ursprung vom lateinischen Wort *caspa*, das Reste und in diesem Fall Brotreste meint. Aus der Toskana kennt man die Panzanella, einen kalten Brotsalat mit ähnlichen Zutaten. Später, nach der Entdeckung Amerikas, kamen Paprika und Tomaten dazu. Wichtig für einen gelungenen Gazpacho sind ein gutes Olivenöl und guter Essig. Das Öl aus Andalusien ist vorzüglich. Der Essig aus Jerez zählt zu den feinsten Essigen der Welt. Die Suppe erfrischt und sättigt, ohne den Magen zu beschweren, und die Salze und Mineralien helfen bei der Hitze. Es gibt traditionelle Rezepturen für die erfrischende Suppe, aber auch moderne Neuinterpretationen katalanischer und baskischer Meisterköche. An wirklich heißen Sommertagen ist der Gazpacho ein idealer Start in ein Menü oder ein leichtes Mittagsmahl.

Für den klassischen Gazpacho (6-8 Portionen) 2 Scheiben Weißbrot ohne Rinde, 500 g Tomaten (enthäutet und entkernt), 1 kleine Salatgurke (geschält und entkernt), 1 grüne Paprika (entkernt), 3 zerdrückte Knoblauchzehen, 1 gehackte weiße Zwiebel, 1 dl Olivenöl, 4 Eßlöffel Sherryessig und 1 dl Wasser, Salz, 1 Teelöffel feingerebelten Oregano und 1 Prise Zucker in einen Mixer geben oder mit einem Stabmixer pürieren. In den Kühlschrank geben und durchkühlen lassen. Vor dem Servieren nochmals mit Salz, Pfeffer und Essig abschmecken und mit ein paar Eiswürfeln in der Suppe servieren. Als Garnitur in Olivenöl geröstete Brotwürfelchen, feingehackte Paprika, Zwiebel, Gurken- und Tomatenwürfel servieren. Davon gibt jeder nach Gusto in die kalte Suppe. Auch gekochte Shrimps, gehacktes Ei, Schinken- oder Chorizowürfel können den Gazpacho ergänzen.

Aus Córdoba kommt eine Art Gazpacho ganz auf Tomatenbasis. Sie nennt sich *Salmorejo*.

250 g Weißbrot ohne Rinde mit 3 zerdrückten Knoblauchzehen, 800 g grob zerschnittenen Tomaten, Salz, 1 Eßlöffel Oregano, 1 dl Olivenöl, 3 cl Sherryessig und 1 Prise Zucker durchmischen und ziehen lassen. Mit dem Mixer pürieren, durch ein Sieb passieren und in den Kühlschrank stellen. Mit 1 Schuß Olivenöl servieren. Als Garnitur passen dazu dünne Scheibchen vom Jabugoschinken oder gekochte feingehackte Eier.

Überraschend ist ein transparenter Gazpacho. Leider erfordert er etwas Vorbereitungszeit.

2 Gurken und 2 große Tomaten in Stücke schneiden und einsalzen. 1 zerdrückte Knoblauchzehe, 1 dl Sherryessig, 1 Eßlöffel Zucker, Oregano, Thymian und Majoran und 3 dl Wasser dazugeben. Das Ganze pürieren und in ein mit einem Passiertuch ausgelegtes Sieb geben. Die Flüssigkeit über Nacht im Kühlschrank in eine Schüssel abtropfen lassen. Tomatenwürfel, feingewiegten Schnittlauch, gezupfte Basilikumblättchen, Gurken- und Paprikawürfel mit kleinen gerösteten Brotwürfeln in tiefe Teller geben. Den klaren Saft nochmals mit Salz und Essig abschmecken und aufgießen. Eine gute Einlage sind gebratene Garnelen.

Eine feine Variante ergibt sich, wenn Sie den Gazpacho auf die klassische Art zubereiten, jedoch das Weißbrot weglassen und 1/2 reife Melone mitpürieren. Aus der anderen Hälfte Kugeln ausstechen und in die Suppe geben.

Dazu paßt Ziegenmilch-Eis als Einlage: 5 dl Ziegenmilch mit 1/8 l Sahne und 3 Eßlöffeln gehacktem frischen Oregano und 1 Eßlöffel getrocknetem Oregano aufkochen. 4 Eigelb und 1 Ei mit 70 g Zucker zur Creme aufschlagen (aber nicht kochen lassen). Die heiße Milch dazugießen und durchrühren. 125 g Ziegenfrischkäse unterrühren und auflösen. Durch ein Sieb streichen und mit 1 Schuß Essig abschmecken. In der Eismaschine gefrieren lassen.

Kalbs-Köfte mit Tomaten-Paprika-Creme

450 g Kalbshack mit 2 geriebenen Zwiebeln, 4 mit Salz zerdrückten Knoblauchzehen, je 1 Teelöffel türkischen Paprikaflocken, gemahlenem Kreuzkümmel und getrocknetem Oregano vermischen. Kleine Bällchen formen und in Mehl wenden. Für die Sauce 1 feingehackte Zwiebel und 3 mit Salz zerdrückte Knoblauchzehen in Olivenöl glasig dünsten. 2 rote Gemüsepaprika und 1 scharfe Paprikaschote über dem Grill oder im Ofen rösten, Haut abziehen und Kerne entfernen. Zusammen mit 4 Tomaten, ebenfalls gehäutet und ohne Kerne, zu den Zwiebeln geben und zu einem Püree kochen. Mit Zucker, Essig, Salz und Pfeffer abschmecken. Die Köfte in Öl ringsum anbraten und 5 min. in der Sauce kochen.

Auf warmem Fladenbrot servieren und ein paar Eßlöffel Minz-Joghurt darübergeben.

Ragout von Lamm, Auberginen und Kalamata-Oliven

Ein Lamm-Navarin mit Auberginen und Kartoffeln braucht Vorbereitung.

Für 4-6 Personen 2 entbeinte Lammschultern in 2 cm starke Würfel schneiden, je 3 große Auberginen und Kartoffeln ebenfalls. In einem Schmortopf Öl erhitzen, das Fleisch gesalzen und gepfeffert darin ringsum gut anbraten. Die

Fleischstücke herausnehmen. Im selben Topf die Auberginen (vorher etwas eingesalzen und abgetrocknet) anbraten und ebenfalls wieder herausheben. Wieder Öl in den Topf geben, denn die Auberginen werden alles aufgesogen haben, und je 1 feingehackte Zwiebel, Karotte und Selleriestange mit 3 Knoblauchzehen, etwas getrockneten Oregano, Salbei, Rosmarin, Thymian und 2 kleine Peperoncini (alles kleingewiegt) samt den Kartoffelwürfeln dazugeben. 3 geschälte und gewürfelte Fleischtomaten, 1 Glas Weißwein, 2 Tassen Fleischbrühe und die Fleischwürfel zugeben. Zudecken und auf kleinster Flamme köcheln lassen. Nach 40 min. die Auberginenwürfel beifügen und – sollte zuviel Flüssigkeit verdampft sein – eventuell etwas Brühe nachgießen. Noch 10 min. sanft kochen lassen. Auf oder im warmen Ofen können Sie dieses Gericht ruhig stehenlassen und, wenn es paßt, mit frischer Petersilie bestreut servieren.

MAJORAN

Majoran gehört zur Familie der Lippenblütengewächse, sein lateinischer Name Origanum majorana zeigt seine Verwandtschaft mit dem Oregano an, den man auch als wild wachsenden Majoran bezeichnet. Seinen Ursprung vermutet man in Asien, Nordafrika oder im Mittelmeerraum. Majoran wurde bereits im alten Griechenland, in Rom und Ägypten als Arznei und Gewürz verwendet. Die Pflanze wird 30 bis 60 cm hoch; sie blüht weiß-lila und hat behaarte Stengel. Die grünen Blätter schmecken stark aromatisch und würzig und sollten stets nur fein dosiert dem Essen beigefügt werden, da sie leicht andere Gewürze übertönen. Frischer Majoran wird feingehackt in die fertigen Gerichte gegeben, getrocknet oder gerebelt kann er kurz mitgekocht werden.

Das Küchenkraut verfeinert besonders schwer verdauliche Speisen und eignet sich als Gewürz für Wurstwaren, Fleisch- und Kartoffelgerichte, Eintöpfe, Salate und Pizza.

Suppe von Steinpilzen und Maronen

Von Paolo Rodaro, einem Winzer aus dem Friaul, habe ich dieses Rezept:

600 g Steinpilze von Sand und Erde säubern. Abschnitte und weniger schöne Exemplare würfeln. 300 g schöne Stücke reservieren. 50 g getrocknete Steinpilze in 2 dl Wasser einweichen. Die Abschnitte in Olivenöl anrösten. Die eingeweichten Pilze ausgedrückt dazugeben. 2 gehackte Schalotten, 1 weiße Zwiebel, 1 Karotte, 1 Stück Sellerie, 2 Knoblauchzehen, Petersilie, etwas frischen Majoran und 1 Zweig Minze mit andünsten. Das Einweichwasser, 2 dl Weißwein und 6 dl kräftige Hühnerbrühe aufgießen, 40 min. kochen und durch ein Sieb abgießen. 250 g Maronen einschneiden, rösten und schälen (oder vorgegarte, geschälte Maronen verwenden). Halbiert in die Suppe geben und köcheln lassen, bis die Maronen weich sind. Die reservierten Pilze braten, würzen und in die Suppe geben. Mit gehackten Kräutern bestreut servieren.

Fränkische Bratwürste

Je 1/3 mageres Schweinefleisch, fetten Schweinebauch und Kalbfleisch durch die feine Scheibe des Fleischwolfs drehen. Mit Salz, Pfeffer, gemahlenem Kümmel, Piment und gerebeltem, getrocknetem Majoran kräftig abschmecken und in dünne Schafsaitlinge füllen.

Leberknödelsuppe

300 g geschabte Kalbsleber oder Rinderleber mit 100 g fein-
gehacktem Speck und 1 feingeschnittenen, leicht gedünste-
ten Zwiebel vermischen. 200 g in feine Würfel geschnittene
Semmeln in Butter gelb braten. 3 Eier mit 1/4 l Milch verquirlen und über die Semmelwürfel gießen. Salzen, pfeffern,
Muskat dazureiben, etwas gehackten Majoran, Petersilie und
die Lebermischung daruntermischen. 1 Eßlöffel Mehl an-
stäuben und mit nassen Händen Knödel formen. Man kann
auch mit 2 Eßlöffeln Nocken abstechen. Die Leberknödel
ins kochende Salzwasser oder in Brühe geben und, wenn die
Brühe aufgekocht hat, auf kleiner Flamme ca. 15 min. darin
gar ziehen lassen.

Leberklößchen passen am besten in eine gute Rindssuppe,
mit Schnittlauch bestreut. Auch als Hauptessen zu Sauerkraut können Sie diese Knödel servieren.

Fränkische Fleischküchla

300 g Rinderhack mit 300 g Schweinemett und 300 g Kalbshack vermischen. 2 in Wasser eingeweichte und ausgedrückte Brötchen, 1 feingehackte, in 1 Eßlöffel Butter glasig ge-
schwenkte Zwiebel, je 1 Eßlöffel gehackten Majoran und
Petersilie und 1 Ei untermischen. Mit Salz und Pfeffer abschmecken. Wie Frikadellen formen. Mit Mehl bestäuben
und in Butterschmalz rundum knusprig braten. Auf Kartof-
fel-Gurken-Salat mit dem Bratfett begossen servieren.

Majoranfleisch

2 kleine Schweinelendchen parieren, salzen, pfeffern und mit Senf einreiben. 1 Eßlöffel Schmalz erhitzen und die Lenden rundum anbraten und anschließend herausheben. 2 Zwiebeln und 2 Äpfel (geschält und in Scheibchen geschnitten) mit 1 Eßlöffel Butter in derselben Pfanne anschwitzen, das Fleisch wieder dazugeben und mit reichlich frischem Majoran bestreuen. Je 1 dl Weißwein, Fleischbrühe und Sauerrahm angießen und für 10 min. in den 170° heißen Ofen schieben.

Bauernfrühstück

6 Scheiben Frühstücksspeck in 1 Eßlöffel Öl ausbraten. Herausnehmen und 2 der Speckscheiben kleinschneiden. In der Pfanne im ausgelassenen Speckfett mit 1 Eßlöffel Schmalz 6 gekochte, geschälte Pellkartoffeln in dünnen Scheiben anbraten. 2 feingehackte Zwiebeln, gehackte Petersilie und frischen Majoran mitbraten. Salzen und pfeffern, den Speck und 5 verschlagene Eier untermischen.
Mit grünem Salat servieren.

BEIFUSS

Beifuß (Artemisia vulgaris) ist ein würziges, bitter riechendes und schmeckendes Kraut. Es hat schmale, spitze Blätter, ist auf der Oberseite grün und auf der Unterseite mit weißem Filz überzogen. Wenn sich die Blütenträubchen entwickelt haben, aber noch nicht geöffnet sind, werden die Stengel geerntet und getrocknet. Beifuß hilft beim Verdauen, macht Fett bekömmlicher und ist Bestandteil von Kräuterschnäpsen.

Schweinebraten

1 schönes Nacken- oder Schulterstück (die Schwarte mit einem scharfen Messer kreuzweise einschneiden) kräftig mit Salz, Pfeffer, Kümmel, Knoblauch und Majoran einreiben. Den Braten, ein paar Knochen, 3 Zwiebeln mit der Schale und 1 Bund Suppengrün (kleingeschnitten) in Schmalz anbraten. 4 Zweige Beifuß dazulegen und mit 1 l Wasser oder Wurstsuppe aufgießen. Mit der Schwarte nach unten 1 Std. bei 200° ins Rohr schieben, öfter mit der Würzbrühe begießen. Den Braten wenden und mit der Schwarte nach oben 3/4 Std. weiterbraten und ab und zu mit 1 Schuß Bier begießen. Zum Schluß die Hitze erhöhen, damit die Kruste schön knusprig wird. Den Bratensatz loskochen und durch ein Sieb abgießen, entfetten, aber nicht binden.

Auf diese Kruste kommt es mir an. Deshalb bereite ich auch schon mal ein großes Stück Schweinebauch mit Schwarte auf diese Art. Als Beilage mag ich Sauerkraut und Klöße.

Ente fränkische Art

Die Ente außen und innen gut salzen und pfeffern. In die Bauchhöhle einige Zwiebelstücke, 1 Knoblauchzehe, Petersilie und reichlich Beifuß geben. Die Ente ringsum in einem Bräter anbraten. Röstgemüse (Sellerie, Zwiebeln, Karotten, Lauch) mit anbraten. 4 Zweige Beifuß dazulegen, mit 1 guten Schuß Weißwein ablöschen und 1/2 l Entenbrühe, aus Entenklein, Flügel und Magen gekocht, angießen. Im Rohr bei 150° 1 Std. langsam garen und hin und wieder mit dem Fond begießen. Dann 10 min. bei 200° knusprig braten. Die Beifußzweige herausnehmen, den Bratfond durch ein Sieb gießen und gut entfetten. Wer mag, kann den Beifuß abgestrichen in die Sauce legen.

Beifuß hilft, Fett zu verdauen. Übrigens: Ist die Ente aufge-
gessen, ißt der Franke »Kloß mit Soß«. Mir schmeckt ein
mildes Sauerkraut dazu.

MINZE

Es gibt viele Arten von Minze, und sie neigt außerdem stark
zur Bastardbildung. Die verbreitetste Art dieses Lippenblüt-
lers ist bei uns die Mentha piperita. Diese soll aber bereits ein
Bastard sein. Die krause Minze (Mentha spicata) ist uns als
Spearmint vom Kaugummi bekannt. Daneben finden sich
in Gewürzgärten die Ananas-, Apfel-, Bergamotte-, Frauen-,
Katzen-, Orangen-, Roß-, Wasserminze und andere Sorten.
Sie besitzt einen hohen Anteil des ätherischen Öls Menthol.
Schon früh bereitete man daraus Tee, verwendete sie als Medikament und zur Parfümherstellung, aber auch zur Aromatisierung von Süßigkeiten. In Griechenland würzt sie Ar-
tischocken und wird zur Luftverbesserung und gegen die
Fliegen hinters Ohr gesteckt. Viele indische Currys und
Chutneys enthalten Minze. In Marokko ist der grüne Tee
mit Minze allgegenwärtig, der Engländer liebt seine Minz-
plätzchen, und im Süden trinkt man Sirop de Menthe und
Minzlikör. Minze wird oft als Dekoration auf Desserttellern
verschwendet. Das Aroma paßt zu bitterer Schokolade und
zu manchen Fruchtpürees wie von Pfirsich oder Erdbeere.
Als Würzkraut spielt die Minze in den Küchen Marokkos,
des Libanon, vor allem aber in Indien, Thailand und Viet-
nam eine besondere Rolle. Die Vorliebe der Engländer für
Minze, sogar zum Lamm, liegt im Dunkeln. Im 17. Jahrhundert beschreibt der Botaniker John Ray die Minze als Arznei-

mittel. Ob schon damals die Mintsauce gebräuchlich war oder erst der indische Einfluß der Kolonialzeit diese delikate Verbindung schuf?

Englische Mintsauce

Zu einer rosa gebratenen Lammkeule oder zu knusprigen Lammkoteletts schmeckt mir dieses englische Relikt. In England verwendet man eine Minzart mit roten Stielen und dunkelgrünen Blättern, die Mentha viridis, ein Bastard aus Spearmint, Wasser- und Roßminze.

4 Eßlöffel feingehackte Minzblätter mit 2 Eßlöffeln Zucker zerstoßen und mit 1 dl guten Weißweinessig aufgießen. 2 Std. ziehen lassen.

Exotische Minzsauce

Eine fernöstliche Variante der Mintsauce zu Lammkoteletts aus dem Londoner Sugar Club:

3 mittelscharfe grüne Chilis entkernen und mit 1 Tasse Minzblättern sowie 1 weißen Zwiebel fein hacken. Mit 2 Eßlöffeln Palmzucker und dem Saft von 3 Limonen und 1 Eßlöffel Nuoc Mam (vietnamesische Fischsauce) verrühren.

Minz–Joghurt–Suppe

Beliebt sind in Anatolien Joghurtsuppen.

Hühnerbrühe wie gewohnt kochen, oder Sie verwenden eine Instantsuppe und kochen darin 1 Hühnerbrust mit 1 Suppengrün. In 1 l Brühe (kann auch etwas mehr sein) 180 g Reis aufkochen und 1/2 Std. köcheln lassen. 3/4 l Joghurt mit 2 Eßlöffeln Mehl und 3 Eigelb verrühren (diese Mischung verhindert, daß der Joghurt gerinnt). Die Mischung mit 2 Eßlöffeln getrockneter Minze in die Suppe ein-

rühren und 10 min. weiterköcheln. Hühnerbrust und gekochtes Suppengrün dazugeben. In einer Pfanne 2 Eßlöffel
Butterschmalz mit je 1 Eßlöffel Paprikapulver und getrockneter Minze aufschäumen und vor dem Servieren in die Sup-
pentassen träufeln.

Melonensuppe, kalt

Dazu die Melonen halbieren, Kerne und Fäden in ein Sieb
auskratzen und ausdrücken. Diesen aromatischen Saft sollte
man nicht verschwenden. Mit einem Kugelausstecher 5-6
Kugeln pro Portion ausstechen und kalt stellen. Das restliche
Melonenfleisch ausschaben und mit dem Saft, Joghurt und
etwas weißem Portwein pürieren. Mit Salz, Pfeffer und Cayenne pikant abschmecken. Vor dem Servieren kühlen und
frisch gehackte Minze unterrühren. Mit den Kugeln und
Minzblättern dekorieren.
Wer mag, kann auch Krabben oder Krebsschwänze dazugeben.

Vietnamesische Sommerrolle

Ein Spaß für die ganze Familie ist es, vietnamesische Som-
merrollen selbst am Tisch zu fabrizieren.
Dazu benötigen Sie Reispapierblätter aus dem Asia-Shop.
Vor Gebrauch müssen diese in Wasser oder kalter Brühe
angefeuchtet werden. Auf einer Platte reichen Sie feingeschnittene Frühlingszwiebel, Lauch, Karotten, Sojasprossen,
reichlich Minze, Streifen von gebratenem Hühnerfleisch,
Scheiben von Entenbrust, geschnetzeltes und würzig an-
gebratenes Rinderfilet, gekochte Shrimps, Koriandergrün,
gehackte ungesalzene Erdnüsse, scharfe Chilis, Fischsauce,
Austernsauce und chinesische Pflaumensauce. Jeder kann

sich seine Rolle selber füllen. Als Dip vermischen Sie Fischsauce mit gehackten Gurken, Erdnüssen, Chili, Reisessig und Zucker.

Libanesischer Brotsalat

Ein erfrischender Salat für die ersten warmen Tage ist Fattoush, der libanesische Brotsalat.

1 kleinen Romana-Salat zerpflücken und mit 3 Tomaten, 1 Salatgurke, 1 Bund Radieschen, 1 Paprika und 1 feingeschnittenen weißen Zwiebel vermischen. Geröstete Fladenbrot-Stückchen, 1 Bund gezupfte Blattpetersilie und 2 Bund Minze dazugeben. Mit Salz, Pfeffer, Knoblauch, Thymian, Olivenöl und Zitronensaft anmachen.

Englisches Minzsorbet

Haben Sie noch Lust auf Süßes mit Minze? Wie wäre es mit einem Sorbet aus Grapefruit, Pimms No. 1 und frischer Minze.

100 g Zucker mit 8 Eßlöffeln Pimms No. 1 verrühren. 500 ml frischen Grapefruitsaft, den Saft einer Zitrone, 125 ml Mineralwasser oder Sekt und 20 Minzblätter (in feine Streifen geschnitten) dazugeben und in der Sorbetière erstarren lassen. Mit gehäuteten Grapefruitspalten und Minzblättern dekorieren.

Mint Julep

5 Minzblätter in einem Glas mit 1 Teelöffel Zucker und 1 Spritzer Mineralwasser zerstoßen. Mit Eiswürfeln und einem guten Bourbon auffüllen. Mit 1 Minzzweig garnieren.

Mojito

Ich trinke nach einem heißen Tag gerne bei André in Jimmys Bar einen Mojito.

1 Teelöffel braunen Zucker mit 1 geviertelten Limone, 6 zerstoßenen Minzblättern, zerstoßenem Eis und weißem Rum, Havanna Club, auffüllen und mit 1 Schuß alten Rum aromatisieren.

BÄRLAUCH

Bärlauch (Allium Ursinum) hat schon ab März Saison. Dieses dem Knoblauch verwandte Wildgemüse war lange kaum entdeckt. Die Geschichte mit dem Bärlauch ist eine ganz besondere. Heute ist der Bärlauch auf vielen Märkten der letzte Schrei. Auf dem Viktualienmarkt ist er fast häufiger zu sehen als der Münchener Radi. Als wär's ein Traditionsgemüse oder Kräutlein, das hier immer schon angeboten wurde. Verwendet wird er frisch, als Pesto oder eingelegt in Öl, als Bärlauchbutter und als fertige Sauce. Dabei war es Witzigmann, der dieses Wildkraut in die Küche einführte. Er entdeckte im Englischen Garten in München eine Wiese, die nach Knoblauch roch, und besah sich die lanzettlichen Blätter – Maiglöckchen waren das nicht. Ein befreundeter Botaniker bestimmte das Gewächs, Allium ursinum, ein Knoblauchgewächs. In alten Heil- und Pflanzenbüchern beschrieben, aber für die Küche nicht benutzt. Mir erzählten später Hobbyköche, ihre Oma habe schon damit gekocht und in Rumänien sei das schon immer verbreitet gewesen – oder sonstige abenteuerliche Geschichten. Ich habe nachgeforscht und kein frühes Rezept gefunden. Heute sammle ich in feuchten

Auwäldern meinen Bärlauch. Er hat ein feines Knoblaucharoma und schmeckt bis zur Blüte und paßt wunderbar zum zarten Zicklein.

Bärlauch-Kartoffel-Suppe

1 Zwiebel und 50 g gewaschene, feingehackte Bärlauchblätter in 3 Eßlöffeln Butter anschwitzen. 500 g geschälte und gewürfelte Kartoffeln dazugeben und mit 1 l Fleischbrühe auffüllen. Kartoffeln weich kochen, 2 dl Sahne angießen und mit Salz und Pfeffer abschmecken. 3 Bündel Bärlauch hacken und mit 250 g weicher Butter im Mixer zu einer Paste fein hacken. Diese Butter in den Kühlschrank stellen und kurz vor dem Servieren 4 Eßlöffel in die fertige Suppe untermischen.

Bärlauch Taboulé

An einem schönen warmen Frühlingstag schmeckt ein Taboulé mit Bärlauch, Leber und Koteletts vom Zicklein.
250 g Bulgur (Weizengrütze) mit 3 dl kochender Fleischbrühe übergießen und ausquellen lassen. 5 Eßlöffel Olivenöl, je 1 Tasse Tomaten-, Gurken- und Paprikawürfel, gehackte glatte Petersilie, Bärlauch und frische Minze untermischen und den Saft von 2 Zitronen dazugießen. Salzen und pfeffern und 1 Std. durchziehen lassen. Die Leber in Scheiben schneiden, leicht mit Mehl bestäuben und mit den plattierten kleinen Zickleinkoteletts kurz scharf anbraten. Mit Salz, Pfeffer und frischem Thymian würzen und zum Taboulé servieren.

Zicklein mit Bärlauch gefüllt

Etwas mehr hat man von Schultern und Keulen eines Zickleins, wenn man sie entbeint und füllt. 1 Keule reicht knapp für 2 Personen.

Die Knochen auslösen, anrösten und mit Suppengrün und Tomatenmark wie üblich einen Fond kochen. Die Keule mit gehackten getrockneten Tomaten, Bärlauch und Weißbrotkrumen füllen, in Form binden, mit Salz, Pfeffer und frischem Zitronen-Thymian würzen und in Butter mit 1 Schuß Olivenöl rundum anbraten. Junge Karotten, Frühlingszwiebel, geviertelte weiße Rübchen, kleine geputzte Artischocken und Kirschtomaten mit anschwitzen und mit 1 Schuß Weißwein und dem Fond ablöschen. Für 20 min. in den 190° heißen Ofen schieben. Kurz vor Ende der Garzeit – das Zicklein soll durch, aber noch saftig sein – das Fleisch mit 1 Eßlöffel Thymian-Honig und abgeriebener Zitronenschale einpinseln. In der Bratreine mit dem Gemüse und der Sauce servieren.

Zicklein mit Bärlauch-Kartoffel-Salat

Bei uns zu Hause gab's das Zicklein paniert und ausgebacken wie ein Hendl und dazu Kartoffelsalat.

Probieren Sie einmal einen Kartoffelsalat nur mit Essig, Öl, feinst gehackter Zwiebel und heißer Brühe angemacht und mischen Sie reichlich grob geschnittene Bärlauchblätter unter.

Und für die bärlauchlose Zeit läßt er sich kurz blanchiert oder als Bärlauchbutter gut einfrieren oder als Pesto konservieren.

Zander auf Bärlauchbutter mit Radieschen

100 g frische Bärlauchblätter waschen. Die Hälfte hacken und im Mixer mit 100 g Butter fein zerkleinern und in den Kühlschrank stellen. 2 gehackte Schalotten in 1 Eßlöffel Butter anschwitzen, die andere Hälfte der gehackten Bärlauchblätter zugeben und mit 1 dl kochender Hühnerbrühe aufgießen. 1 dl Sahne dazugießen und mit dem Mixstab pürieren. Nach Belieben 2-3 Eßlöffel von der kalten Bärlauchbutter unterrühren. Geschuppte Zanderfilets mit Haut in Mehl wälzen, salzen und pfeffern und in Butter ausbraten. Auf der Sauce anrichten. Halbierte Radieschen kurz in Butter schwenken und Bärlauchblätter nach Belieben wie Spinat in Butter andünsten und zum Fisch garnieren.

ZITRONENGRAS

Das Zitronengras (Cymbopogon citratus) gehört zur Gattung der Süßgräser. Es gibt 35 Arten in den Tropen Asiens und Afrikas. Das aromatische ätherische Öl ist in den Blättern enthalten. Neben der Verwendung in der südostasiatischen Küche wird aus der Zitronengrasart Cymbopogon nardus das Citronella-Öl hergestellt. Es aromatisiert Tees, wird verwendet als Duftlampenöl und Parfüm. Es wirkt antibakteriell, und auch andere pharmakologische Wirkungen sind nachgewiesen. Um in der Küche seine Wirkung voll zu entfalten, muß man es leicht zerstoßen oder fein hacken. In der Regel wird es mitgekocht, aber nicht mitgegessen. Es schmeckt nach längerem Kochen leicht seifig. Durch Limonensaft und -schale läßt sich ein ähnlicher Geschmack erzielen.

Die in der Thai-Küche verwendeten Zitronenblätter stammen vom Baum der Kaffir-Limone. Sie werden mitgekocht oder sehr fein geschnitten in Gerichte gestreut.

Die Thai-Küche fasziniert durch ihre Aromen und ihre Leichtigkeit. Natürlich können Sie eines der vielen Thai-Restaurants, die es mittlerweile auch bei uns gibt, besuchen. In vielen deutschen Städten gibt es auch kleine Läden, die frische Gemüse, Kräuter, Gewürze, Pasten und Saucen aus Thailand anbieten. Hier finden Sie die wichtigsten Ingredienzen für eigene Kochexperimente: Thai-Basilikum, Curryblätter, Koriandergrün und -wurzeln, frischen Ingwer und Galgant, Currypasten, Kokosmilch, Nuoc Mam (vietnamesische Fischsauce), Krabbenpasten, Tamarindenmus, die verschiedenen scharfen Chili, Blätter der Kaffir-Limone, frische Limetten und eines der wichtigsten Elemente der Thai-Küche: Zitronengras. Das fein säuerliche Aroma dieser Zutaten, nicht die scharfen Chili, machen diese Küche so attraktiv.

Terrine von Garnelen und Gemüse in Zitronengras-Gelee

1/2 l klare Hühnerbrühe mit 3 zerquetschten Zitronengrasstengeln, dem Saft von 2 Limetten, 4 Limonenblättern, den Schalen von 10 Garnelen, 1 Prise Zucker und 2 Chilischoten aufkochen und 20 min. ziehen lassen. Durch ein Sieb abgießen. 2 Zucchini und 2 Auberginen längs in 5 mm dünne Scheiben schneiden. In etwas Öl in der Pfanne von beiden Seiten anbraten, mit 1 Schuß Fischsauce ablöschen und erkalten lassen. Die Garnelenschwänze halbieren, den Darm entfernen und in dem Zitronengras-Fond steif ziehen lassen. 8 in kaltem Wasser eingeweichte Gelatineblätter in dem heißen Fond auflösen. Abkühlen und eine Terrinenform

damit ausschwenken. Die Gemüsestreifen und Garnelenschwänze abwechselnd in die Form schichten, ein paar gehackte Minz- und Korianderblätter einstreuen und den
Fond darübergießen. Im Kühlschrank fest werden lassen. In
Scheiben schneiden und auf einem Glasnudel-Salat servieren.

Glasnudeln 10 min. in kaltem Wasser einweichen, abgießen
und mit einer Schere in Stücke schneiden. In 1 Eßlöffel
Sesamöl 2 feingehackte Chilischoten, 1 Knoblauchzehe und
einige Ingwerscheiben erhitzen und mit Fischsauce und etwas Hühnerbrühe ablöschen. Mit Limonensaft, sehr fein geschnittenen Limonenblättern und Zitronengrasscheibchen
würzen und die kalten Glasnudeln unterziehen. Abkühlen
und mit Koriander- und Minzblättern dekorieren.

Thailändische Garnelensuppe

Es handelt sich um die berühmte Thaisuppe *Tom Yam Go-
ong.* Jedes Restaurant, jeder Straßenstand und jede Hausfrau
kennt eigene Varianten. Es gibt sie in Thailand auch bereits
als Brühwürfel. Ich bereite meine Grundbrühe so:
Die Köpfe und Schalen von 12 mittleren Garnelen, 3-4
Stücke Hühnerklein, 5 Knoblauchzehen, 2 Zwiebeln, 3 Stangen Zitronengras (leicht zerklopft), 3 Limettenblätter, 1 geviertelte Limone, Stiele und Wurzeln eines Bundes Koriander, die Schalen einer kleinen Ingwerknolle, 1 dl Fischsauce
(Naam Plaah) und 1 Teelöffel Krabbenpaste mit 2 l Wasser
aufkochen. Abschäumen und 1 Std. simmern lassen. Durch
ein Sieb und Passiertuch die Brühe abgießen.
12 Garnelenschwänze (geschält und ohne Darm), 6 Champignons in Scheiben, 2 Zitronengrasstengel (die unteren
Drittel in feine Stücke geschnitten), 6 zerdrückte Thai-Chi-

lis, die feingeschnittene Ingwerknolle und 4 Limonenblätter in der Brühe einige Minuten aufkochen, bis die Garnelen gar sind. Korianderblätter einstreuen und mit Limonensaft abschmecken.

Zitronengras, Limonenblätter und harte Ingwerstücke essen die Thais nicht mit. Ich rate Ihnen, auch die Chilis im Teller zu lassen. Diese Suppe können Sie ungeniert variieren. Geben Sie feingeschnittene Hühnerbrust dazu, Frühlingszwiebeln, Sojasprossen oder Spinat. Mit der Zugabe von Kokosmilch und Minze bekommt sie einen neuen Pfiff, und eingeweichte Glasnudeln oder Bahmi-Nudeln verwandeln die Suppe in ein Hauptgericht.

Laksa, Suppe aus Singapur

Eine scharfe heiße Suppe öffnet die Poren. Eine der vielen Laksa-Varianten aus der Nonya-Küche half mir schon morgens in Singapur auf die Beine:

3 Zitronengrasstengel, 1 Stück Ingwer, je 1 Eßlöffel Kurkumapulver und Sambal Oelek (asiatische Würzsauce aus Chili) mit 100 g Cashewkernen hacken und in einem Mixer fein mahlen. In etwas Öl die Gewürze anrösten. 12 Garnelen und 200 g Sepia in Streifen mit anrösten. 1 l Fischfond aufgießen und 2 Eßlöffel Tamarindenpaste, etwas Krabbenpaste und frische Minze mit aufkochen. Dünne chinesische Reisnudeln 5 min. separat in kochendes Wasser geben. Nudeln in eine Suppenschale füllen. Die Suppe darübergießen und mit geviertelten harten Eiern, Ananasstücken, frischen Sojabohnensprossen, feingehackten Gurkenstücken, Chilis und ein paar Tofuscheiben garnieren.

Fisch–Zitronengras-Spieß

2 Zitronengrasstengel längs halbieren, 1 Garnelenschwanz, 1 Limonenblatt, 1 Stück Lachs, wieder 1 Limonenblatt und 1 Stück Seeteufel aufspießen. Mit Salz, Pfeffer und Cayenne würzen und in Öl in der Pfanne auf beiden Seiten braten. Für die Sauce 2 gehackte Schalotten und 1 Stück geriebenen Ingwer in etwas Öl andünsten, 1 Teelöffel grüne Currypaste zugeben, mit 2 dl Fischfond und 2 dl ungesüßter Kokosmilch auffüllen. Ist die Sauce etwas zu scharf geraten (die Pasten können höllisch scharf sein), mit pürierter Banane abmildern.

Zitronengras-Eis auf Ananaspüree mit Mangospalten

5 Zitronengrasstengel fein hacken. Das Innere aus dem unteren Drittel reservieren und besonders fein schneiden. Den Rest in 1 l Sahne aufkochen und 1/2 Std. ziehen lassen. 6 Eigelb mit 100 g Zucker aufschlagen und in die heiße Sahne geben. Auf 85° erhitzen und durch ein Sieb abgießen. Den Saft von 2 Limetten mit 100 g Zucker und den feinen Streifen vom Zitronengras gut aufkochen und ebenfalls abkühlen. Mit der Eismasse verrühren und in der Sorbetière gefrieren lassen.

1 reife Ananas schälen und im Mixer pürieren. Auf dieser Sauce mit frischen Mangospalten das Eis servieren.

Garnelen auf Kokossauce mit Salat von Papaya, Mango und Avocado

Pro Person 3 Garnelen aus der Schale brechen, halbieren und den Darm entfernen. Schalen mit 2 Knoblauchzehen in Öl anrösten. 1 Stück frischen Ingwer dazureiben, 1 kleine gehackte Chili sowie 3 feingeschnittene Kaffir-Limettenblätter und 2 Stangen Zitronengras (gehackt und zerdrückt) zugeben. Mit 1/2 l Fisch- oder Geflügelbrühe auffüllen und 10 min. kochen. 1 dl Sahne und 2 dl ungesüßte Kokosmilch hinzufügen und etwas einkochen. Die Sauce durch ein Sieb gießen und abkühlen lassen. Die Garnelen in Öl mit 1 zerdrückten Knoblauchzehe braten. Mit Salz und Cayenne würzen. Avocado, Papaya und Mango würfeln, mit Zitronensaft beträufeln und mit gehacktem Koriandergrün und Minze vermischen. In Förmchen füllen und auf die Teller mitte stürzen. Mit der Kokossauce umgießen und die Garnelen ringsum auf die Sauce setzen.

Lamm-Satay

Es handelt sich um eine kulinarische Anleihe von den indonesischen Nachbarn. Das Wort *Satay* meint eigentlich Steak. (Zwei Konsonanten wie »s« und »t« werden in Malay nie zusammen ausgesprochen, sondern durch einen Vokal getrennt. So wurde aus Steak, Sa-tek und dann Satay.)

Holzspieße 1 Std. wässern. Lammfilets in Stücke (3 cm lang, 1 cm stark) schneiden und auf die Spieße stecken. 6 rote Schalotten, 3 Knoblauchzehen, 2 Zitronengrasstengel und 1 Chili hacken und im Mixer zu einer Paste verarbeiten. Je 1 Teelöffel Kurkuma, Kreuzkümmel und Fenchelsamen, 2 Teelöffel Palmzucker und 3 Teelöffel dicke Sojasauce (Kecap Manis) dazurühren. Die Spieße in der Marinade wenden und mindestens 2 Std. im Kühlschrank durchziehen lassen. Aus 2 Eßlöffeln Kokoscreme, 1 Eßlöffel Öl und 2 Teelöffeln Palmzucker eine Paste rühren. Die Spieße auf einem Grill oder in der Pfanne 1-2 min. auf jeder Seite braten. Dabei mit der Kokospaste bestreichen. Mit einem Salat aus Gurken, Chilis und roten Zwiebeln, mit Essig, Zucker und Limonensaft angemacht, servieren. Erdnußsauce dazugeben. Dafür 3 Knoblauchzehen, 2 mittlere rote Zwiebeln, 10 Macadamia-Nüsse und 2 Zitronengrasstengel im Mixer pürieren und unter Rühren in 1 Eßlöffel Öl anrösten, bis die Paste karamelisiert. 1 Eßlöffel Madrascurry, je 2 Eßlöffel Tamarindenpüree, Sambal Oelek, grob gemahlene Erdnüsse, Erdnußbutter und 2 Teelöffel Palmzucker dazugeben und mit 400 ml Kokosmilch und etwas Wasser aufgießen. Unter ständigem Rühren einkochen. Mit Salz abschmecken.

REZEPTVERZEICHNIS

Salate

Bohnensalat mit Joghurt und Dill 124
Karottensalat 69
Krautsalat, lauwarm 73
Lauchsalat 85
Libanesischer Brotsalat (Fattoush) 174
Panzanella (toskanischer Brotsalat) 160
Rindfleisch-Salat vietnamesisch 63
Salat von Datteln, Karotten und Orangen mit Zimt 27
Salat von Fenchel, Blutorangen und schwarzen Oliven 78
Salat von Lachs und Gurke 123
Salat von Rotkohl, geräucherter Gänsebrust
und Gansleber 39
Vietnamesische Sommerrolle 173
Zigeunersalat 87

Suppen und Eintöpfe

Anatolische Linsensuppe 85
Bärlauch-Kartoffel-Suppe 176
Blumenkohl-Kurkuma-Suppe 58
Buttermilchsuppe, kalt 126
Fränkische Karpfen-Meerrettich-Suppe 124
Fränkischer Gemüseeintopf 132
Gazpacho, grün 124
Gazpacho mallorquín mit Ziegenmilch-Oregano-Eis 162
Grießklößchensuppe 35
Gurkensuppe, kalt 123
Hummer-Cappuccino mit Vanille 43
Ingwer-Kokosmilch-Suppe mit Huhn und Garnelen 55

Kalbseinmachsuppe mit Bröselknödeln 35
Kaninchen-Gemüse-Tagine 111
Kerbelsuppe 136
Kichererbsencreme mit Scampi, Knoblauch
und Rosmarinspeck 147
Laksa, Suppe aus Singapur 181
Leberknödelsuppe 168
Melonensuppe, kalt 172
Minz-Joghurt-Suppe 172
Mulligatawny-Suppe 100
Pappa col pomodoro 161
Paprika-Schaumsuppe, kalt mit Buttermilch
und Tapenade 70
Polnischer Bigos 74
Salmorejo, s. Gazpacho 162
Schwarzwurzelsuppe 36
St. Petersburger Süppchen, s. Gurkensuppe, kalt 123
Suppe von Steinpilzen und Maronen 167
Suppe von Tomaten, Orangen und Basilikum 158
Thailändische Garnelensuppe 180

Terrinen

Blumenkohlterrine mit Kerbelsauce 138
Gänseleber-Terrine auf alte Art 107
Kaninchen-Terrine 150
Kartoffel-Speck-Terrine und Kenia-Böhnchen 21
Terrine von Artischocken, Auberginen und Tomaten 182
Terrine von Garnelen und Gemüse in Zitronengras-
Gelee 179

Saucen

Bagnèt vert, die Piemonteser grüne Sauce 119

Englische Mintsauce 172

Exotische Minzsauce 172

Frankfurter Grüne Soße 118

Frankfurter Senf nach einem alten Rezept 90

Kräuterbutter »Ravigote« 140

Mango-Chutney 102

Mojo verde, die grüne Sauce der Kanaren 124

Quitten-Mostarda 89

Salsa Peverda 24

Salsa verde alla Genovese 119

Sauce Cameline 26

Senfsauce, kalt 90

Thailändische grüne Sauce 124

Tomatensaucen, klassisch 160

Pesto Genovese mit Trenette 119

Eierspeisen

Verlorene Eier im Kerbelsud 136

Omelett mit Fines Herbes 139

Meeresfrüchte

Carpaccio von der Jakobsmuschel mit Szechuanpfeffer-Limetten-Vinaigrette 22

Garnelen auf Kokossauce mit Salat von Papaya, Mango und Avocado 183

Garnelen, knusprig 105

Garnelen oder Krebsschwänze mit Sternanis, Mandarinen-schale und Melone 64

Garnelen, scharf 104

Krebse mit Pfifferlingen und Schnittlauchbutter 131
Languste gegrillt, mit Piment und Vanille 67
Muscheln im Safransud 51
Schweinefleisch mit Muscheln nach Art des Alentejo 86
Trampo mallorquín 127
Venus-Muscheln portugiesischer Art 86

Fisch

Aal grün 140
Aal mit Lorbeer 92
Barsch mit Raki und Kräutern in Papier gedünstet 82
Dorade mit Lorbeerblättern 93
Dorade mit Rivierasauce 152
Escabeche von Rotbarben mit Limetten
und Kardamom 60
Fisch-Curry 100
Fisch-Zitronengras-Spieß 182
Karpfen schlesische Art 109
Lachs-Carpaccio mit Tomaten-Vinaigrette 84
Lachs-Lasagne mit Basilikum-Butter 158
Paprika mit Stockfisch, gefüllt auf baskische Art 48
Peperone al tonno 47
Petersfisch gedämpft im Salatblatt mit Zitronen-Dill-
Butter 125
Pfeffersteaks vom Seeteufel auf Salaten 20
Rotbarben auf Seeigel-Safran-Butter 52
Saibling mit brauner Kräuterbutter 133
Salblings-, Lachs- oder Forellenfilet, mariniert in Dill 122
Saltimbocca vom Seeteufel 155
Sardinen in Weinblättern 82
Schweinefleisch mit Muscheln nach Art des Alentejo 86

Steinbutt mit Kräuterkruste 139

Stör auf Estragonbutter 129

Thunfisch-Tatar mit Ingwer 55

Tuna »Gargantua« 23

Wolfsbarsch auf Pak Choy mit Safran-Vanille-Buttersauce 44

Wolfsbarsch auf Ragout von breiten Bohnen, Borlotti und Cannellini-Bohnen, Tomaten, Oliven und Bergbohnen-kraut 143

Wolfsbarsch gedämpft, mit Sauce Aioli 80

Wolfsbarsch mit Fenchel 80

Zander auf Bärlauchbutter mit Radieschen 178

Zander auf Linsen mit Champagner-Senf-Butter 90

Geflügel

Bauernhuhn mit Rosmarin-Lardo-Kartoffeln 148

Chili-Chicken 49

Ente fränkische Art 170

Essighuhn provençal 145

Hühnerfleisch mit Shitake-, Wolkenohrpilzen und Zucker-schoten 105

Huhn in Kokosmilch 103

Ingwer-Ente 56

Malayischer Hühnertopf 59

Mandeln, Spargel und Huhn im Wok gebraten 129

Perlhuhn mit Knoblauch und Estragonessig 130

Perlhuhn mit Zimt, Armagnac-Pflaumen und Maronen 27

Stubenküken mit Estragon 128

Stubenküken mit Kerbelcreme 138

Täubchen mit Zuckererbsen 134

Wachteln mit Kardamom, Granatapfelsaft
und Quitten 61

Innereien
Beuschel natur nach Buchinger 91
Kutteln mit Mai-Ritterlingen und Stockschwämmchen 133
Lammleber mit Koriander 85

Fleisch und Wurst
Bärlauch Taboulé 176
Bauernfrühstück 169
Bauernschmaus aus den Vogesen 73
Blutwurst gebraten, auf Kompott von roten Zwiebeln mit
Apfelscheiben 41
Bœuf à la ficelle 119
Chili con carne 71
Daube de bœuf provencal 144
Entrecôte dijonnaise 91
Fränkische Bratwürste 167
Fränkische Fleischküchla 168
Fränkischer Sauerbraten 108
Kalbskotelett, gefüllt, mit Salbeibutter 155
Gulasch oder Pörkölt 49
Hochrippe, geschmort 64
Kalbfleisch, eingemacht 68
Kalbsfilet mit Creme von grünem Pfeffer, dazu Kartoffel-
Speck-Terrine und Kenia-Böhnchen 21
Kalbsfiletscheiben mit Tomaten-Kerbel-Vinaigrette mari-
niert auf Salat von grünem und weißem Spargel 137
Kalbsbrust, gefüllt 36
Kalbs-Köfte mit Tomaten-Paprika-Creme 165

Kalbsragout 37

Lamm Bastilla 28

Lamm-Curry 101

Lamm-Satay 183

Lammschulter mit Harissa, Honig und Kreuzkümmel geschmort 71

Majoranfleisch 169

Ochsenkotelett mit Kräutern und Knoblauch gebraten 144

Ragout von Lamm, Auberginen und Kalamata-Oliven 165

Rindfleisch gekocht, mit Schnittlauchsauce 131

Rindfleisch-Salat vietnamesisch 63

Schweinebraten 170

Schweinefleisch mit Muscheln nach Art des Alentejo 86

Schweinerippchen, süß 105

Spanferkelschinken in Apfelwein 40

Spezzatino mit jungem Lorbeer nach Teo Löffler 93

Zicklein mit Bärlauch gefüllt 177

Zicklein mit Bärlauch-Kartoffel-Salat 177

Wild und Kaninchen

Gefülltes Kaninchen auf alte Art 151

Hirschbraten in Wacholderrahm 96

Kaninchenkeulen mit Zitronen-Thymian, Artischocken, Fave-Bohnen und Kartoffeln geschmort 152

Kaninchen-Leber mit Salbei 154

Kaninchen-Saltimbocca 154

Königsberger Klopse vom Kaninchen 67

Medaillons vom Maibock mit Hoisin-Sauce glasiert, Zimt-Kardamom-Kirschen und gebratenen Polenta-Talern 61

Gemüse

Artischocken mit Kräutern des Südens 141
Blumenkohl-Curry mit Zwiebelsalat 101
Cannellini all' uccelletto (weiße Bohnen) 154
Erbsen und Kochsalat mit Muskatblüte 38
Fenchel auf vier Arten 79
Funghi trifolati 140
Gebratene junge Artischocken mit grünem Spargel 149
Gemüse-Curry, grün 103
Kraut und Rüben 74
Masala Vadai (Frikadellen von Hülsenfrüchten) 75
Panna cotta von weißem Spargel mit einer Kerbel-Infusion 135
Paprika Piemont, gefüllt 47
Paprika türkische Art, gefüllt 48
Pilze à la grècque 162
Pilze auf spanische Art 151
Pilze süß-sauer eingelegt auf polnische Art 122
Sauerkraut, elsässisch 95
Sauerkraut, fränkisch 95
Spargel mit Vanille-Hollandaise und Serranoschinken 43
Steinpilze, gebraten 126
Steinpilzspieß auf Rosmarin 147
Tomaten-Schnittlauch-Brot 131

Mais, Pizza, Reis, Teigwaren

Bosporus-Pilaw 87
Couscous 112
Pasta con le Sarde 79
Risotto milanese 52
Spaghetti vongole in bianco 134

Lachs-Lasagne mit Basilikum-Butter 158
Lahmacun (türkische Pizza) 87
Lamm-Pilaw 58
Polenta e osei 149

Brot und Gebäck

Anis-Springerle 82
Focaccia 146
Pide, türkisches Brot 76
Zimt-Kipferl 30
Zimt-Sterne 30

Desserts

Ananas-Ingwer-Tarte 56
Apfel-Ingwer-Kompott 56
Blutorangen-Zimt-Sorbet mit Kumquats, wilden Feigen
und Datteln im Gewürzsud 32
Crème brulée (Gebrannte Creme) 45
Englisches Minzsorbet 174
Erdbeeren, frisch, mit einem Sorbet oder Gelee von
Zitronenmelisse 127
Erdbeeren mit Pfeffer und Balsamico 22
Feigen im Anissud, gefüllt 83
Feigen in Gewürz-Punsch 41
Feigen mit Lorbeer 94
Kaffee-Kardamom-Sorbet 62
Minestrone von Sommerfrüchten mit einem Limonen-
Basilikum-Sorbet 159
Polentakuchen mit Rosmarin 148
Rhabarber-Honig-Kompott 65
Safraneis mit karamelisierten Birnenspalten 53

Salbei-Mäuse 156

Sorbet von Bitterschokolade mit Piment auf Mango-
Kompott 68

Souffliertes Omelett mit Vanille und altem Rum 45

Weinbergpfirsiche in Rotwein 65

Zimt-Birnen 29

Zimt-Eis 29

Zimt-Kardamom-Kulfi mit Mangosauce 31

Zitronengras-Eis auf Ananaspüree mit Mangospalten 182

Getränke

Alexander (Cocktail) 38

Champagner mit Rosmarin 146

Gewürzwein »Hypocras« 26

Mint Julep (Cocktail) 174

Mojito (Cocktail) 175

»Kulinarisch literarische Begegnungen« im insel taschenbuch

Jean Anthèlme Brillat-Savarin. Physiologie des Geschmacks oder Betrachtungen über das höhere Tafelvergnügen. Ausgewählt, übersetzt und eingeleitet von Emil Ludwig. Mit Holzschnitten der Ausgabe von 1864. it 423. 221 Seiten

Einladung zum Essen. Buch für Gäste. Vorgelegt von Claudia Schmölders. it 2251. 230 Seiten

Frische Feigen. Ein literarischer Früchtekorb. Gepflückt von Hans Ulrich Hirschfelder. it 2646. 192 Seiten

Manuel Gasser. Köchel-Verzeichnis. Kulinarische Erinnerungen und Erfahrungen mit vielen seltenen Rezepten. it 2257. 140 Seiten

Manuel Gasser. Kräutergarten. Mit farbigen Illustrationen. it 2258. 120 Seiten

Manuel Gasser. Spaziergang durch Italiens Küchen. Mit farbigen Fotografien. it 2256. 130 Seiten

Kulinarische Rätsel. Angerichtet und aufgetischt von Norbert Lebert. Illustriert von Rolf Köhler. it 2259. 130 Seiten

Kakuzo Okakura. Das Buch vom Tee. Übertragen und mit einem Nachwort versehen von Horst Hammitzsch. Mit Fotos aus Japan und einem Essay von I. Schaarschmidt-Richter. it 412. 133 Seiten

Karl Friedrich von Rumohr. Geist der Kochkunst. Vorwort von Wolfgang Koeppen. it 2225. 260 Seiten

NF 44/1/8.00

Klaus Stein. Geheimnisse aus der Küche. Ein kleines Lexikon der Küchenfreuden. Mit farbigen Fotografien von Dylan Cross. it 1878. 154 Seiten

Klaus Trebes. Wo der Pfeffer wächst. Geschichten und Rezepte um Gewürze und Kräuter. Mit farbigen Illustrationen. it 2705. 200 Seiten

Die Wiener Küche. Mit den 100 besten Altwiener Rezepten und zahlreichen Abbildungen. Von Christoph Wagner. it 2266. 334 Seiten

Isabel Allende. Aphrodite – Eine Feier der Sinne. Übersetzt von Lieselotte Kolanoske. Illustrationen von Robert Shekter. Rezepte von Panchita Llona. st 3046. 328 Seiten
(suhrkamp taschenbuch)

»Freude am Garten«
im Insel Verlag
Eine Auswahl

Alpenblumen im Frühling. Nachwort und kolorierte Holz-
schnitte von Josef Weisz. Erläuterungen von Gerd Müller.
IB 1142. 62 Seiten

Elizabeth von Arnim
- Elizabeth und ihr Garten. Roman. Aus dem Englischen von
  Adelheid Dormagen. Leinen und it 2291. 131 Seiten
- Der Garten der Kindheit. Übersetzt von Leonore Schwartz.
  it 2361. 80 Seiten

Bäume. Gedichte und Prosa. Ausgewählt von Gottfried
Honnefelder. it 1811. 282 Seiten

Marianne Beuchert
- Gärten am Reiseweg. Von Irland bis Portugal. Mit farbigen
  Fotografien von Marion Nickig. 160 Seiten. Gebunden
- Die Gärten Chinas. it 2195. 280 Seiten
- Symbolik der Pflanzen. Von Akelei bis Zypresse. Mit 101
  Aquarellen von Maria-Therese Tietmeyer.
  391 Seiten. Leinen

Blütenzauber. Die schönsten Blumengedichte. Ausgewählt
von Gesine Dammel. Mit farbigen Fotografien.
it 2422. 150 Seiten

José Maria Eça de Queiroz. Die Rose. Mit zehn farbigen
Bildern von Marion Nickig. IB 1177. 55 Seiten

Esther Gallwitz
- Kleiner Kräutergarten. Kräuter und Blumen bei den Alten
  Meistern im Städel. it 1818. 257 Seiten
- Schneewittchens Apfel. Pflanzen in Grimms Märchen. Mit
  farbigen Aquarellen von Maria-Therese Tietmeyer.
  it 2530. 180 Seiten

Mit Goethe durch den Garten. Ein ABC für Gartenfreunde.
Herausgegeben von Claudia Schmölders. Illustrationen von
Hans Traxler. it 1211. 137 Seiten

Hermann Hesse
- Bäume. Betrachtungen und Gedichte. Mit farbigen Foto-
  grafien von Pieter Jos van Limbergen. Herausgegeben von
  Volker Michels. it 2378. 184 Seiten
- Freude am Garten. Betrachtungen, Gedichte und Foto-
  grafien. Herausgegeben und mit einem Nachwort versehen
  von Volker Michels. it 2204. 240 Seiten
- Im Garten. Betrachtungen und Gedichte. Auswahl und
  Nachwort von Volker Michels. it 1329. 240 Seiten
- Jahreszeiten. Betrachtungen, Gedichte und Aquarelle.
  Zusammengestellt von Volker Michels. it 2339. 131 Seiten
- Schmetterlinge. Betrachtungen, Erzählungen, Gedichte.
  Zusammengestellt und mit einem Nachwort versehen von
  Volker Michels. Mit zahlreichen Illustrationen.
  it 2424. 160 Seiten
- Stunden im Garten. Der lahme Knabe. Zwei Idyllen. Mit
  Zeichnungen von Gunter Böhmer. IB 999. 124 Seiten
- Vogel. Ein Märchen. Illustriert von Gunter Böhmer. Mit
  einem Nachwort von Volker Michels. it 2399. 80 Seiten

Willi Harwerth
- Das kleine Baumbuch. Die deutschen Waldbäume. Geleit-
  wort von Friedrich Schnack. Farbige Bilder von Willi Harwerth. IB 316. 68 Seiten

- Das kleine Kräuterbuch. Einheimische Heil-, Würz- und Duftpflanzen, nach der Natur gezeichnet von Willi Harwerth. Mit einer kleinen Kräuterkunde von Friedrich Schnack und Erläuterungen von Sandro Limbach. Mit 36 Bildtafeln. IB 269. 70 Seiten

Hinter Mauern ein Paradies. Der mittelalterliche Garten. Herausgegeben von Peter C. Mayer-Tasch/Bernd Mayerhofer. IB 1184. 111 Seiten

Marie Luise Kaschnitz. Der alte Garten. Ein Märchen. it 2394. 278 Seiten

Rudolf Koch. Das kleine Blumenbuch. 58 farbige Zeichnungen von Rudolf Koch in Holz geschnitten von Fritz Kredel. IB 281. 58 Seiten

Luzie Krolow. Gartenzauber. 32 Blumen- und Kräuterminiaturen. it 1718. 142 Seiten

Katherine Mansfield. Das Gartenfest und andere Erzählungen. Aus dem Englischen von Heide Steiner. it 1724. 232 Seiten

Maria Sibylla Merian
- Das Insektenbuch. Metamorphosis Insectorum Surinamensium. Nachdruck der 1707 in Amsterdam erschienenen Ausgabe nach dem Exemplar der Sächsischen Landesbibliothek zu Dresden. Begleittext von Helmut Deckert. Mit 60 Bildtafeln. Leinen. 164 Seiten. it 2870. 180 Seiten
- Neues Blumenbuch. Nachdruck der 1680 in Nürnberg erschienenen Ausgabe nach dem Exemplar der Sächsischen Landesbibliothek in Dresden. Begleittext von Helmut Deckert. Leinen und it 2927. 130 Seiten.

NF 56/3/3.03

Anna Pavord. Die Tulpe. Eine Kulturgeschichte. Übersetzt von Sven Dörper und Thomas Wollermann. Mit farbigen Abbildungen. Gebunden. 439 Seiten. it 2881. 220 Seiten.

Hermann Fürst von Pückler-Muskau. Andeutungen über Landschaftsgärtnerei. Herausgegeben von Günter J. Vaupel. it 1024. 377 Seiten

Rainer Maria Rilke. In einem fremden Park. Gartengedichte. Mit Fotografien von Marion Nickig. Zusammengestellt von Marianne Beuchert. IB 1129 und it 1820. 77 Seiten.

Die Rose. Gedichte und Prosa. Ausgewählt von Beatrix Müller-Kampel. Mit farbigen Fotografien. it 2619. 187 Seiten

Roter Mohn. Texte und Bilder. Auswahl und Nachwort von Gisela Linder. IB 1183. 72 Seiten

Johannes Roth
- Gartenlust. Mit farbigen Fotografien von Marion Nickig. it 1390. 249 Seiten
- Gartenlust-Kalender. Immerwährender Kalender. it 2210. 160 Seiten
- Die neue Gartenlust. Mit farbigen Fotografien von Marion Nickig. it 1571. 166 Seiten

Schmetterlinge. Geschichten und Gedichte. Auswahl von Simone Frieling. it 2882. 220 Seiten

Siegfried Unseld. Goethe und der Ginkgo. Ein Baum und ein Gedicht. Mit Abbildungen. IB 1188 und it 2475. 112 Seiten

Von Fliegen und Menschen. Geschichten und Gedichte. Ausgewählt von Margit Wyder. it 2933. 250 Seiten

Die vier Jahreszeiten. Gedichte und Prosa. Vier Bände einzeln:
- Das Frühlingsbuch. Herausgegeben von Hans Bender und
  Nikolaus Wolters. it 2201. 233 Seiten
- Das Sommerbuch. Herausgegeben von Hans Bender.
  it 847. 230 Seiten
- Das Herbstbuch. Herausgegeben von Hans Bender.
  it 657. 262 Seiten
- Das Winterbuch. Herausgegeben von Hans Bender und
  Hans Georg Schwark. it 728. 252 Seiten

NF 56/5/3.03

»Geschenkbücher«

Anthologien
im insel taschenbuch

Bäume. Von Hermann Hesse. Mit farbigen Fotografien von Pieter Jos van Limbergen. Ausgewählt von Volker Michels. it 2378. 178 Seiten

Bäume. Das Insel-Buch der Bäume. Gedichte und Prosa. Ausgewählt von Gottfried Honnefelder. Mit farbigen Abbildungen. it 1041. 286 Seiten

Blütenzauber. Die schönsten Blumengedichte. Ausgewählt von Gesine Dammel. Mit farbigen Fotografien. it 2422. 96 Seiten

Für immer und ewig. Das Buch für Paare. Ausgewählt von Günter Stolzenberger. it 2819. 250 Seiten

Frische Feigen. Ein literarischer Früchtekorb. Gepflückt von Hans Ulrich Hirschfelder. it 2646. 181 Seiten

Das Gartenbuch. Gedichte und Prosa. Ausgewählt von Hans Bender. Mit farbigen Fotografien. it 1803. 273 Seiten

Gute Besserung. Geschichten und Gedichte zum Gesundlesen. Ausgewählt von Günter Stolzenberger. it 2781. 205 Seiten

Jeder Morgen will Abend werden. Betrachtungen über die Vergänglichkeit. Ausgewählt von Herbert Schnierle-Lutz. it 2693. 196 Seiten

Die Kunst des Schlafens. Ausgewählt von Günter Stolzenberger. it 2657. 270 Seiten

Das Leben lieben. Ausgewählt von Rainer Weiss.
it 2634. 160 Seiten

Die Lust am Rauchen. Geschichten und Gedichte vom
blauen Dunst. Mit zahlreichen Abbildungen. Ausgewählt von
Mario Leis. it 2956. 250 Seiten

Meer in Sicht. Geschichten von Wellen, Wind und weiten
Stränden. Ausgewählt von Günter Stolzenberger.
it 2931. 250 Seiten

Die Rose. Herausgegeben von Beatrix Müller-Kampel. Mit
farbigen Fotografien. it 2619. 179 Seiten

Rot oder weiß? Geschichten vom Wein. Herausgegeben von
Susanne Gretter und Hans-Ulrich Müller-Schwefe.
it 2957. 240 Seiten

Die schönsten Gutenachtgeschichten. Zum Vorlesen vor
dem Einschlafen. Ausgewählt von Günter Berg.
it 2887. 180 Seiten

Tage des Glücks. Lesestoff für schöne Stunden. Ausgewählt
von Simone Frieling. it 2797. 191 Seiten

Träume sind wahr. Gedanken zur Nacht. Ausgewählt von
Rainer Weiss. it 2737. 176 Seiten

Von der Versöhnung. Texte zum Nachdenken. Ausgewählt
von Hans-Joachim Simm. it 2779. 160 Seiten

»Liebe«
Anthologien
im insel taschenbuch

An mein Kind. Gedichte an Töchter und Söhne. it 2227. 146 Seiten

Casanova-Geschichten. Ausgewählt von Eckhart Kleßmann. it 2117. 361 Seiten

Giacomo Casanova. Die Lust des Lebens und der Liebe. Gedanken über die Lebenskunst. Ausgewählt von Eckart Kleßmann. it 2807. 220 Seiten

Für immer und ewig. Das Buch für Paare. Ausgewählt von Günter Stolzenberger. it 2819. 288 Seiten

Hermann Hesse. Wer lieben kann, ist glücklich. Über die Liebe. it 2855. 224 Seiten

Der Kuß. Von der schönsten Sache der Welt. Herausgegeben von Doris Maurer. it 2168. 190 Seiten

Liebeszauber. Die schönsten deutschen Liebesgedichte aus fünf Jahrhunderten. Ausgewählt von Günter Berg. Großdruck. it 2413. 168 Seiten

Matrosen sind der Liebe Schwingen. Homosexuelle Poesie von der Antike bis zur Gegenwart. Herausgegeben von Joachim Campe. it 1599. 188 Seiten

Ovid. Liebeskunst. Mit Abbildungen nach etruskischen Wandmalereien. it 164. 113 Seiten

NF 19/1/3.02

Die schönsten Liebesgedichte. Herausgegeben von Sigrid Damm. it 1872. 167 Seiten

Die schönsten Liebesgeschichten. Ausgewählt von Elisabeth Borchers. it 2213. 375 Seiten

Über die Liebe. Gedichte und Interpretationen aus der »Frankfurter Anthologie«. Herausgegeben von Marcel Reich-Ranicki. it 794. 346 Seiten

NF 19/2/3.02